LE COMMUNITY MANAGER INTELLIGENT

Livre du même auteur

« Vendez comme vos concurrents grâce au digital », disponible sur Amazon et sur www.jofridmayossa.com.

Ce livre est un guide complet pour les entrepreneurs qui cherchent à améliorer leur présence en ligne et augmenter leurs ventes en utilisant les outils numériques. Il couvre les concepts clés du e-commerce, les stratégies de communication et de marketing numérique, ainsi que des sujets tels que le marketing d'influence, le storytelling, la preuve sociale et les techniques de copywriting efficaces. Le livre fournit également des conseils pratiques pour maîtriser la publicité sur les principaux réseaux sociaux, Google et YouTube.

Ce guide vous donne :

- ✓ Une compréhension approfondie des concepts clés du commerce électronique
- ✓ Des astuces pour maîtriser le marketing d'influence, l'art du storytelling, la preuve sociale et les meilleures techniques de copywriting
- ✓ Des informations sur le fonctionnement des algorithmes des réseaux sociaux et des moyens de contourner les restrictions
- ✓ Des connaissances sur la publicité sur les principaux réseaux sociaux, Google et YouTube
- ✓ Des outils pour gérer efficacement vos comptes de médias sociaux.

Œuvre protégée dans la catégorie droits moraux – Lois du 11 mars 1957, du 03 juillet 1985, du 1er août 2006, du 12 juin 2009 – par conséquent, il est interdit de reproduire, modifier, communiquer, représenter, publier, distribuer ou transmettre le présent ouvrage sans l'autorisation préalable de l'auteur.

Table des matières

Introduction 7

CHAPITRE I : LE COMMUNITY MANAGEMENT 13

    1.   Le Community Manager Intelligent 19
    2.   Le Community Manager Freelance 41
    3.   Comment fixer ses tarifs en tant que Community Manager Freelance ? 42

CHAPITRE II : LA STRATÉGIE DE CONTENU ET LA GESTION DES MÉDIAS SOCIAUX 44

    1.   La stratégie de contenu 45
    2.   Les réseaux sociaux : élément clé de la stratégie du gestionnaire de communauté en ligne 55
    3.   Facebook, leader indétrônable des réseaux sociaux 56
    4.   Instagram, le réseau de l'influence 103
    5.   TikTok, la plateforme de contenu au fort potentiel viral 109
    6.   LinkedIn : l'outil incontournable pour atteindre votre potentiel professionnel 120

CHAPITRE III : DES OUTILS DE GESTION, D'ANALYSE ET DE VEILLE DES MEDIAS SOCIAUX 126

    1. Hootsuite Analytics 127
    3. Swello 136
    4. Agorapulse 138
    5. Metricool 140
    6. Meta Business suite 145
    7. Buffer 146
    8. Sprout Social 148
    9. Google Analytics 151
    10. Planable 152
    11. D'autres outils indispensables pour faciliter votre travail de Community Manager 153

CHAPITRE IV : LA GESTION DE CRISE SUR LES RÉSEAUX SOCIAUX 162

Conclusion 167
À propos de l'auteur 169

Introduction

Si vous avez lu mon précédent ouvrage intitulé « Vendez comme vos concurrents grâce au digital », vous savez que j'accorde une attention très particulière à l'évolution du numérique. Dans cet ouvrage consacré au métier de Community Manager, je continue d'observer cette transformation numérique qui s'est rapidement intégrée au marketing traditionnel. Aujourd'hui, avec l'essor des réseaux sociaux, le processus s'est encore accéléré. Pour comprendre cette évolution, il est important de remonter aux années 1400, plus précisément entre 1440 et 1454, qui correspondent à l'invention de la machine typographique par le scientifique Johannes Gutenberg.

L'invention de Gutenberg est considérée comme le point de départ de la communication moderne qui a révolutionné le secteur. Elle est considérée comme l'élément central de la naissance de la presse écrite devenant par la suite un outil de communication indispensable pour les usagers. Face au succès de la presse écrite et à l'engouement qu'elle a suscité, les entreprises vont commencer à y insérer des annonces.

Bien que l'invention de Gutenberg ait été révolutionnaire, les idées novatrices ne se sont pas arrêtées là. En 1930, Edwin Armstrong, un ingénieur et inventeur américain, a mis au point la radio FM (fréquence à modulation) dans la gamme des très hautes fréquences (VHF), qui pouvait être captée directement par le grand public. Cette

Introduction

invention a suscité un engouement si fort que tout le monde voulait avoir ce moyen de communication à domicile. Les entreprises ont alors commencé à intégrer la radio dans leur stratégie marketing pour toucher un large public, sans pour autant abandonner la presse écrite.

En parallèle, un ingénieur écossais du nom de John Baird a introduit une autre innovation en matière de communication : la télévision. La première diffusion de télévision a eu lieu en 1926 et, dès 1950, elle est devenue un média populaire. Le succès de la télévision a été si rapide qu'elle a aussitôt éclipsé la presse écrite et la radio. Les entreprises ont vu dans cette nouvelle opportunité, l'occasion d'intégrer la télévision dans leur stratégie marketing, en diffusant des publicités télévisées, contribuant ainsi à son développement.

À la fin des années 1900, les premiers ordinateurs ont fait leur apparition. Entre 1989 et 1990, une ère moderne de la communication a commencé avec la naissance du World Wide Web (www). Le premier moteur de recherche, Archie, a été développé par l'étudiant Adam Emtage en 1990, et Wanderer est né en 1993.

En 1994, Jerry Yang et David Filo, deux étudiants de l'Université de Stanford, ont créé un annuaire des meilleurs sites web sous le nom de Yahoo. À ce moment-là, le web était encore statique et contrôlé par les éditeurs de sites qui ne favorisaient pas les interactions avec les utilisateurs, ce qui correspond au web 1.0 (1991-1999).

Introduction

En 1998, deux autres étudiants de l'Université de Stanford, Sergey Brin et Larry Page révolutionnent le secteur de la recherche en ligne en créant et en lançant Google. À partir de 1997, les réseaux sociaux ont commencé à émerger avec Six Degrees, suivi par Live Journal en 1999, Friendster en 2002, Hi5, LinkedIn et MySpace en 2003, Facebook en 2004, et bien d'autres.

L'utilisation accrue de ces plateformes sociales a largement contribué à la démocratisation du web en permettant aux utilisateurs d'interagir et d'échanger des informations et des contenus tels que des vidéos, des textes et des images. Le web 2.0 (2000-2009) a ainsi vu les utilisateurs passer du simple statut de spectateur à celui d'acteur actif, capable de donner son avis et de participer à la création de contenu en ligne.

Selon une étude réalisée par Internet Live Stats, à la fin de l'année 2020, 4,79 milliards de personnes à travers le monde se sont connectées à Internet. En 2016, ce chiffre était de 3,42 milliards sur une population globale de 7,43 milliards de personnes.

En août 2021, le monde comptait 7,87 milliards d'habitants, parmi lesquels 4,80 milliards étaient des internautes, représentant plus de 61 % de la population mondiale. 4,48 milliards de personnes étaient actives sur les réseaux sociaux, soit 57 % de la population mondiale, et 4,44 milliards se sont connectées à ces réseaux via un mobile.

Introduction

En juillet 2022, le monde comptait 7,98 milliards d'habitants. Selon les statistiques, 5,34 milliards de personnes étaient des utilisateurs de mobiles, soit environ 67% de la population mondiale. Il y avait également 5,03 milliards d'internautes, représentant plus de 63 % de la population mondiale, une augmentation de 3,7 % par rapport à la période précédente.

Le rapport Digital 2022 de Hootsuite et We Are Social montre que le nombre d'utilisateurs de médias sociaux a augmenté de 227 millions d'utilisateurs pour atteindre 4,70 milliards, soit 59% de la population mondiale, dont 45,7 % de femmes et 54,3% d'hommes.

Selon le rapport de We Are Social et Meltwater, publié en avril et portant sur les tendances numériques en début d'année 2023, l'utilisation d'Internet continue de croître de manière significative. En seulement un an, 147 millions de nouveaux utilisateurs ont fait leur apparition dans le monde. Ainsi, la population mondiale compte désormais 5,181 milliards d'internautes, ce qui représente 64,6 % de la population totale de 8 milliards de personnes. Parmi ces internautes, on compte 61,8 % de femmes et 67,4 % d'hommes.

Le rapport met également en évidence une diminution du temps moyen passé par utilisateur sur Internet, malgré cette augmentation du nombre d'internautes. Actuellement, un utilisateur passe en moyenne 6 heures et 35 minutes sur le web. À titre de comparaison, ce

Introduction

temps est cependant deux fois plus élevé que celui passé devant la télévision.

En ce qui concerne les réseaux sociaux, le rapport indique qu'il y a désormais 4,80 milliards d'utilisateurs dans le monde, ce qui correspond à 59,9 % de la population mondiale.

La croissance rapide d'Internet a entraîné l'émergence de nombreux métiers, dont celui très convoité de Community Manager. Ce poste est actuellement très prisé et considéré comme l'un des plus populaires sur Internet.

Il est essentiel de comprendre qu'être un Community Manager compétent ne se limite pas à savoir rédiger des publications ou répondre aux commentaires sur les réseaux sociaux.

En tant que Community Manager, il est important dès aujourd'hui de prendre conscience qu'au milieu de cette agitation, il devient impératif de se démarquer en adoptant une approche plus sophistiquée et professionnelle. Être un Community Manager Intelligent requiert des compétences et des connaissances approfondies dans la gestion des médias sociaux, la stratégie de communication, l'analyse des données et bien d'autres aspects utiles.

Il est donc nécessaire d'investir dans sa formation et de suivre l'évolution constante du paysage numérique pour rester compétitif dans ce domaine en constante évolution.

Introduction

D'ailleurs, certains gestionnaires de communauté ont atteint des niveaux d'études universitaires tels qu'un Bachelor en Marketing Digital, un Bachelor en Influence, Communication & Réseaux sociaux, ou encore un Master en Communication Digitale & Social Media. Il existe également des certifications de courte durée qui permettent d'acquérir des compétences spécifiques dans ce domaine. Tout cela souligne l'importance de ne pas prendre à la légère le métier de Community Manager simplement parce qu'il est en vogue.

CHAPITRE I : LE COMMUNITY MANAGEMENT

Chapitre 1 : Le Community Management

Le Community Management regroupe l'ensemble des actions menées en ligne pour promouvoir et accroître la visibilité d'une entité ou d'une personnalité sur les réseaux sociaux. Son rôle principal consiste à animer et à impliquer une communauté autour des contenus diffusés par cette entité. Cette entité peut prendre diverses formes : marque, entreprise, association, personnalité, etc. La communauté se compose des abonnés qui suivent cette entité sur les différents réseaux sociaux où elle est présente.

Avec la croissance exponentielle d'Internet, l'utilisation des plateformes sociales est devenue presque indispensable pour les entités souhaitant augmenter leur visibilité en ligne. Le Community Management permet ainsi à ces entités de renforcer leur notoriété et de développer leur audience, ainsi que de trouver de nouveaux prospects et de fidéliser leurs clients sur les médias sociaux.

Au cœur de cette stratégie, on retrouve bien évidemment le Community Manager (CM). Il est responsable de la gestion de la présence en ligne de l'entité, en créant et en animant des communautés autour de sa marque, produisant du contenu pour les différentes plateformes de médias sociaux, répondant aux questions des clients et assurant la gestion des commentaires. Sa présence au sein d'une entité qui souhaite se développer en ligne, est donc très importante.

Olivia OBAME, Digital Marketing Officer au sein d'un établissement bancaire à Libreville, partage cet avis et

Chapitre 1 : Le Community Management

précise que son rôle est de prendre en charge la gestion de l'image de marque de l'institution sur la sphère digitale. À cet effet, elle doit s'assurer de la croissance de sa notoriété et de la préservation de sa réputation, en mettant en place des actions ciblées visant à renforcer sa visibilité et sa crédibilité en ligne.

Pour Lins Chaldy, Community Manager de Canal+Gabon, **« le Community Manager devra désormais être considéré comme essentiel pour le fonctionnement d'une organisation »**.

Ce dernier travaille en effet, étroitement avec d'autres départements de l'entreprise, notamment le marketing, la communication et la vente, afin de garantir l'alignement de la stratégie de présence en ligne avec les objectifs commerciaux globaux.

Le Community Management est un travail passionnant, qui joue un rôle décisif dans la réussite de l'entité sur les réseaux sociaux. Pour réussir en tant que Community Manager, il faut posséder de nombreuses compétences et connaissances variées. **« Le Community Manager Intelligent »** vous accompagnera dans la découverte des meilleures pratiques, des stratégies, des exemples concrets et des outils indispensables pour réussir dans ce métier en constante évolution.

Les tendances et les enjeux du Community Management

Chapitre 1 : Le Community Management

La gestion des communautés en ligne est dynamique et en perpétuelle mutation, s'adaptant ainsi aux tendances actuelles, aux avancées technologiques et aux changements dans les habitudes des consommateurs.

Voici quelques-unes des tendances et des défis actuels dans le domaine de la gestion de communauté en ligne

- ✓ **Favoriser l'engagement**

Les entités se concentrent davantage sur la création de relations durables avec leur communauté en ligne plutôt que de simplement chercher à augmenter le nombre de leurs abonnés. Les stratégies de Community Management mettent donc de plus en plus l'accent sur la production de contenu de qualité et l'interaction avec les membres de la communauté pour renforcer leur engagement.

Il ne s'agit plus seulement de viser un nombre élevé d'abonnés, mais plutôt de développer une relation de qualité avec la communauté. Il est important de comprendre que même avec 50 000 abonnés (ou 50K) sur un réseau social, cela ne garantit pas par exemple une croissance quotidienne des ventes si la communauté n'est pas au cœur de la stratégie.

- ✓ **L'utilisation d'outils dotés d'intelligence artificielle**

Grâce à l'utilisation d'outils dotés d'intelligence artificielle et de traitement automatique du langage naturel (NLP),

Chapitre 1 : Le Community Management

les Community Managers peuvent analyser d'importantes quantités de données et répondre aux demandes des utilisateurs de manière plus rapide et plus précise ;

Les données peuvent être utilisées pour améliorer la pratique du Community Management en fournissant des informations précieuses sur la performance de la stratégie de gestion de communauté. Pour mesurer intelligemment le succès de sa stratégie et évaluer l'engagement de sa communauté, il est important d'utiliser les bonnes métriques et les bons outils.

Voici quelques exemples de métriques et d'outils qui peuvent aider à mesurer l'efficacité d'une stratégie de Community Management :

- **Taux d'engagement**

Le taux d'engagement évalue le pourcentage de personnes ayant interagi avec le contenu publié sur les réseaux sociaux, par le biais d'actions telles que les likes, les commentaires, les partages, etc. Un taux d'engagement élevé est le signe d'une communauté dynamique et réceptive à la stratégie de gestion de communauté mise en place.

- **Taux de croissance de la communauté**

Le taux de croissance de la communauté sur les réseaux sociaux mesure la variation du nombre de followers ou de membres de la communauté. Cette variation peut être

Chapitre 1 : Le Community Management

positive, témoignant ainsi d'une augmentation du nombre de membres, ou négative, indiquant une diminution.

Un taux de croissance élevé traduit une efficacité de la stratégie de Community Management mise en place pour attirer de nouveaux membres. En effet, une stratégie pertinente et efficace permettra d'accroître la notoriété et l'attractivité de la communauté, et donc de recruter de nouveaux membres.

- **Taux de conversion**

Le taux de conversion est une métrique utilisée pour mesurer le pourcentage de personnes qui ont effectué une action spécifique en réponse à une campagne de marketing ou de gestion de communauté, telle que l'inscription à une newsletter ou l'achat d'un produit. Si le taux de conversion est élevé, cela signifie que la stratégie de Community Management est efficace pour inciter les membres de la communauté à prendre des actions spécifiques.

✓ **L'importance de la vidéo**

La vidéo est devenue un élément clé des stratégies de contenu en ligne, avec une forte croissance de la vidéo en direct et des formats de vidéo courte durée. La vidéo permet de transmettre des informations de manière plus engageante et plus efficace que les formats statiques.

Les avantages de la vidéo sont nombreux. Elle permet de capter l'attention de l'audience plus facilement, de

Chapitre 1 : Le Community Management

transmettre des émotions, de démontrer un produit ou un service, et de raconter une histoire de manière plus convaincante. De plus, avec l'avènement des plateformes vidéo comme YouTube, Vimeo et TikTok, il est devenu plus facile et plus abordable de produire et de diffuser des vidéos.

Les Community Managers doivent donc maîtriser ces formats et savoir comment les intégrer dans leur stratégie de contenu.

- ✓ **Les plateformes de messagerie sont devenues incontournables dans la communication en ligne**

Les plateformes de messagerie telles que WhatsApp, Messenger, WeChat, etc. sont de plus en plus utilisées pour interagir avec les marques. Les Community Managers doivent donc être en mesure de gérer ces canaux et de fournir un service client approprié.

1. Le Community Manager Intelligent

Celui que je nomme Community Manager Intelligent est un professionnel de la gestion de communauté en ligne qui utilise une approche stratégique plus poussée, proactive et réfléchie pour créer et animer des communautés en ligne.

Contrairement au Community Manager traditionnel qui peut se concentrer principalement sur la publication de contenu et la réponse aux commentaires, le Community Manager Intelligent est capable de comprendre les

Chapitre 1 : Le Community Management

besoins et les attentes des membres de sa communauté, d'identifier les tendances et les opportunités, et de concevoir des stratégies efficaces pour engager les membres, améliorer l'expérience de la communauté et atteindre les objectifs de l'entité.

Le Community Manager Intelligent doit posséder une connaissance approfondie des plateformes et des outils de médias sociaux, une excellente capacité de communication et de rédaction. Il doit en effet avoir de bases solides en Copywriting surtout s'il représente une entité commerciale.

Le métier de Community Manager est de plus en plus compétitif et exigeant. Pour réussir dans ce domaine, il est indispensable pour un professionnel de ce secteur d'être créatif, innovant et capable de s'adapter aux évolutions permanentes du marché. En outre, une formation continue est indispensable tout au long de sa carrière pour se maintenir au fait des dernières tendances et des meilleures pratiques.

Nathan, Community Manager de la page Facebook éducative **J'AI HORREUR DES FAUTES.l'officiel**, qui compte plus de 46 000 abonnés, partage cet avis en affirmant qu'« un bon Community Manager est celui qui est constamment en quête de nouveauté et d'innovation, et qui réalise de nombreuses recherches pour approfondir ses connaissances ».

Dans son cas, par exemple, Nathan s'appuie beaucoup sur des ouvrages de référence et effectue des recherches

Chapitre 1 : Le Community Management

en ligne pour rester à la pointe de son domaine. Il affirme également qu'il est essentiel de comprendre ce que recherchent les abonnés d'un média social pour offrir un service à la hauteur de leurs attentes.

Ses compétences techniques

Le Community Manager Intelligent est un expert en communication numérique. Il doit avoir plusieurs compétences techniques pour réussir dans son métier. Premièrement, il doit avoir une solide connaissance des plateformes et des outils de médias sociaux, y compris les fonctionnalités de gestion de contenu et les outils de publication automatisés.

En outre, il doit être capable d'élaborer des stratégies de contenu et de marketing numérique, en utilisant des techniques de référencement et de publicité en ligne pour maximiser la portée de l'entité.

Il doit également avoir une compréhension des aspects techniques de la gestion de communauté, tels que la modération des commentaires, la réponse aux messages privés, la collecte de données et l'analyse des statistiques. Il doit être capable d'utiliser des outils de mesure pour suivre l'engagement des utilisateurs et évaluer l'efficacité des campagnes de marketing numérique.

Le Community Manager Intelligent doit être en mesure de surveiller et de gérer la réputation de la marque en ligne, en répondant rapidement aux commentaires et aux

Chapitre 1 : Le Community Management

critiques négatives et en promouvant les réactions positives.

Selon Olivia OBAME « Les compétences techniques sont évidemment importantes dans ce milieu, cependant, certaines qualités doivent être associées pour performer dans ce domaine. Il est nécessaire d'avoir les compétences suivantes :

- La créativité pour proposer des stratégies innovantes afin de se démarquer et d'offrir à l'entreprise/client les résultats attendus ;
- La réactivité pour réagir en temps voulu afin de limiter les risques et surfer au mieux sur l'actualité ;
- L'anticipation pour prévoir certaines situations, mieux les gérer ou les éviter et proposer du contenu adapté ;
- L'engagement pour vivre pleinement ce métier et rester constant, sans perdre en intensité dans les moments de baisse d'activité ou de crise. »

Son importance pour les marques

Le Community Manager Intelligent joue un rôle crucial dans la réussite des entités modernes sur les plateformes de médias sociaux. En effet, la présence en ligne est devenue un aspect incontournable de la stratégie de marketing numérique des entités, car les consommateurs passent de plus en plus de temps sur les réseaux sociaux pour rechercher des produits et des services, interagir avec les marques et partager leur expérience avec d'autres utilisateurs.

Chapitre 1 : Le Community Management

Le Community Manager Intelligent peut utiliser les données et les analyses pour évaluer la performance de la marque sur les plateformes de médias sociaux et pour ajuster les stratégies en conséquence, afin d'optimiser l'engagement et les résultats de la communauté en ligne de l'entreprise.

Ses qualités personnelles

Pour un Community Manager Intelligent, il est essentiel de posséder certaines qualités personnelles, notamment :

- ✓ **L'organisation**

Le Community Manager Intelligent doit être capable de gérer plusieurs tâches et projets à la fois, tout en restant efficace et organisé.

- ✓ **La capacité à communiquer efficacement**

Le Community Manager Intelligent doit être capable de communiquer de manière claire et convaincante avec les membres de la communauté, ainsi qu'avec l'équipe de l'entité.

- ✓ **L'humilité**

Le Community Manager Intelligent doit faire preuve d'humilité pour accepter les erreurs et les critiques constructives. Il est important d'éviter la nervosité, l'irritation et le manque de contrôle dans son comportement vis-à-vis de la communauté.

Chapitre 1 : Le Community Management

En effet, la communauté est au cœur du métier de Community Manager. Sans elle, le rôle du Community Manager perdrait tout son sens. La communauté est la raison pour laquelle le Community Manager est embauché et payé. Cette rémunération lui permet de subvenir à ses besoins et de couvrir ses dépenses quotidiennes. Par conséquent, la communauté doit être considérée comme la priorité absolue du Community Manager Intelligent.

- ✓ **La curiosité et la volonté d'apprendre**

Les médias sociaux et les tendances en ligne évoluent rapidement, il est donc important que le Community Manager reste à jour sur les dernières tendances et innovations.

- ✓ **La passion pour le secteur d'activité de l'entreprise**

Si vous n'êtes pas passionné par le secteur d'activité pour lequel vous travaillez en tant que Community Manager, il vous sera très difficile de vous investir pleinement. Vous risquez d'être nonchalant et de traiter votre communauté de manière passive.

- ✓ **La patience et la résilience**

Gérer une communauté en ligne peut être difficile et stressant. Le Community Manager Intelligent doit être capable de faire face aux commentaires négatifs et aux critiques, tout en restant calme et professionnel.

Chapitre 1 : Le Community Management

✓ La créativité

Être capable de créer du contenu engageant et original pour la communauté est un atout important pour le Community Manager Intelligent.

✓ L'empathie

Comprendre les besoins et les préoccupations des membres de la communauté est essentiel pour créer une relation de confiance avec eux.

✓ L'aptitude à analyser les données et à utiliser des outils d'analyse et de veille pour prendre des décisions éclairées

Le gestionnaire de communauté doit avoir la compétence de manier les outils de veille et d'analyse afin de saisir les besoins de la communauté, et plus important encore, superviser les activités de la concurrence.

✓ La politesse

Le Community Manager Intelligent doit être poli et professionnel dans toutes les interactions avec la communauté qu'il gère. En tant que représentant de l'entité, il est important que le gestionnaire maintienne une image positive de la marque en étant aimable, courtois et respectueux envers les utilisateurs, même dans des situations difficiles ou tendues.

Chapitre 1 : Le Community Management

Le Community Manager Intelligent doit également être capable de résoudre les conflits en ligne de manière professionnelle, en gardant toujours son calme et en cherchant des solutions qui satisferont les deux parties. En cas de commentaires négatifs ou de critiques, le Community Manager doit répondre de manière constructive et respectueuse, en prenant en compte les préoccupations et les commentaires de l'utilisateur.

Pour le CM Nathan : « Dans toute communauté ou organisation, il est fréquent de rencontrer des personnes qui peuvent exprimer des opinions ou des commentaires provocateurs. En ayant conscience de cette réalité, il est plus facile de savoir commenter y faire face. Dans mon cas, j'ai choisi de les ignorer en ne répondant pas aux commentaires qui sont clairement provocateurs, tout en prenant en compte les autres commentaires constructifs qui peuvent m'aider à m'améliorer. »

Pour Olivia, « tout dépend du type de message. Je peux y répondre si la remarque, bien que négative, est justifiée et/ou constructive ou le supprimer s'il va à l'encontre de la bienséance (insulte, agressivité accrue, spam, etc.) »

La façon dont le Community Manager interagit avec les utilisateurs peut avoir un impact significatif sur l'image de marque et la réputation de l'entité. C'est pourquoi il est important pour le gestionnaire d'être toujours poli et professionnel dans toutes les interactions avec la communauté.

Chapitre 1 : Le Community Management

En effet, il n'est pas rare de constater certains Community Managers s'écarter complètement de ces règles élémentaires et s'emporter face aux commentaires acerbes de quelques membres de la communauté.

Les fausses idées sur le rôle du Community Manager

Après avoir remarqué un certain amalgame chez certains Community Managers, ou entités, il convient de préciser ce que n'est pas le gestionnaire de communauté en ligne.

- ✓ **Le Community Manager n'est pas un comédien ou un humoriste**

Même si l'humour est souvent utilisé dans les réseaux sociaux, un Community Manager ne doit pas être confondu avec un comédien ou un humoriste professionnel. Son rôle est de représenter l'entité en ligne et de communiquer efficacement avec sa communauté en utilisant un ton professionnel et approprié.

- ✓ **Le Community Manager n'est pas un vendeur**

Le rôle d'un Community Manager est de communiquer avec la communauté, de promouvoir l'image de marque et d'engager la conversation avec les followers, mais il ne doit pas être considéré comme un vendeur. Son objectif est de favoriser l'engagement et la loyauté des clients, pas de vendre directement les produits de l'entreprise.

- ✓ **Le Community Manager n'est pas un magicien**

Chapitre 1 : Le Community Management

Bien que le Community Manager puisse aider à résoudre les problèmes de la communauté, il ne peut pas tout faire, comme par magie, pour répondre à toutes les demandes ou résoudre tous les problèmes de manière instantanée.

- ✓ **Le Community Manager n'est pas un informaticien**

Bien qu'il travaille sur les réseaux sociaux, un Community Manager n'est pas un expert informatique et ne peut pas résoudre tous les problèmes techniques ou de sécurité informatique.

- ✓ **Le Community Manager n'est pas un responsable des ventes**

Bien qu'il travaille souvent en étroite collaboration avec les équipes de vente, le Community Manager ne doit pas être confondu avec un responsable des ventes. Son rôle est d'engager la communauté, de répondre aux commentaires et de favoriser l'image de marque, pas de vendre directement les produits ou services de l'entreprise.

- ✓ **Le Community Manager n'est pas un analyste de données à temps plein**

Bien que le Community Manager utilise souvent des outils d'analyse pour suivre l'engagement de la communauté et les performances de la marque, il ne doit pas être confondu avec un analyste de données à temps plein.

Chapitre 1 : Le Community Management

✓ Le Community Manager n'est pas un employé de rang inférieur

Même si le Community Manager est souvent perçu comme un poste junior, son rôle est crucial dans la promotion et la gestion de la marque sur les réseaux sociaux. Il mérite d'être rémunéré à sa juste valeur.

En France, par exemple, la rémunération d'un Community Manager est comprise entre 1 917,19 € (environ 1.258.000 XAF) et 3 400,04 € (environ 2.231.000 XAF) brut par mois pour 35 heures de travail par semaine, en fonction de l'expérience et de la taille de l'entreprise.

La fourchette de rémunération mentionnée précédemment est similaire à celle évoquée par Olivia OBAME lorsque je lui ai demandé combien elle gagnait. Avec son expérience dans le domaine de la communication digitale, elle perçoit généralement une rémunération brute mensuelle comprise entre 300 000 et 1 500 000 XAF.

Lins Chaldy, qui occupe le poste de Community Manager chez Canal+Gabon, mentionne que sa rémunération mensuelle est supérieure à 300 000 XAF.

Il est important de souligner à nouveau que la rémunération d'un Community Manager dépend de divers facteurs déterminants, tels que son niveau d'éducation, son expérience professionnelle, ses compétences techniques et ses responsabilités au sein de l'entreprise.

✓ Le Community Manager n'est pas un robot

Chapitre 1 : Le Community Management

Bien que les Community Managers utilisent des outils de planification et d'automatisation pour gérer les publications et les messages, ils doivent être en mesure d'ajuster et de personnaliser leur communication pour répondre aux demandes spécifiques de la communauté.

- ✓ **Le Community Manager n'est pas un spécialiste en SEO, mais il doit avoir des notions...**

Bien que le référencement naturel ne soit pas la compétence principale d'un Community Manager, il est tout de même essentiel qu'il possède des connaissances de base dans ce domaine. Cela lui permettra de se démarquer de la concurrence et d'être en mesure d'apporter son soutien à son entité si nécessaire.

Afin d'accroître votre visibilité en ligne, il est essentiel d'optimiser votre site web en utilisant le référencement naturel, communément appelé SEO (Search Engine Optimization). Le SEO est une méthode visant à améliorer le trafic organique de votre site web et à le positionner en tête des résultats de recherche des moteurs tels que Google, Bing ou Yahoo, afin d'attirer des prospects qualifiés.

Si vous êtes en charge du site web en tant que Community Manager et que le CMS WordPress a été utilisé pour le développer avec un thème optimisé pour les moteurs de recherche et respectant les bonnes pratiques de référencement, voici comment améliorer votre positionnement de manière naturelle.

Chapitre 1 : Le Community Management

Vous devez :

- Examiner les contenus de vos concurrents afin de découvrir les mots-clés qu'ils emploient et d'optimiser les vôtres si nécessaire ;

- Vous Assurer que chaque page de votre site a une balise de titre unique et une balise de description méta pertinente qui incite les utilisateurs à cliquer sur votre lien dans les résultats de recherche ;

- Utiliser un plugin SEO tel que RankMath, Yoast SEO ou All in One SEO Pack pour vous aider à optimiser vos pages, balises méta, URL et autres éléments importants pour le référencement ;

- Éviter de publier des textes excessivement longs, étant donné que les visiteurs n'ont en général pas la patience de les lire dans leur intégralité ;

- Recourir à des outils tels que Copysmith, SEOQuantum, Optimiz.me ouTextanalyser pour améliorer la qualité de votre contenu ;

- Soumetre un plan du site XML à Google Search Console pour aider les moteurs de recherche à découvrir et à indexer facilement toutes les pages de votre site, et bien d'autres.

Chapitre 1 : Le Community Management

Afin d'assurer une stratégie de référencement naturel efficace, il est primordial de diversifier les types de contenu que vous publiez sur votre site web. Parmi ces types de contenu, on peut citer les articles de blog, les infographies, les vidéos, les livres blancs, les études de cas, les guides pratiques, etc.

Cette variété de contenu permet non seulement de répondre aux différents besoins et préférences des utilisateurs, mais aussi d'optimiser les performances de votre site web en termes de SEO. En effet, les moteurs de recherche apprécient les sites web qui proposent un contenu de qualité et diversifié, ce qui peut améliorer votre positionnement dans les résultats de recherche et donc augmenter votre visibilité en ligne.

En dehors du texte, les contenus peuvent contenir :

- **Des vidéos**

Pour améliorer votre référencement naturel, vous pouvez envisager d'intégrer des vidéos à votre site web, car Google accorde de plus en plus d'importance aux résultats de recherche vidéo. Ainsi, en proposant des vidéos pertinentes sur votre blog, vous pourrez améliorer la visibilité de votre site et attirer davantage de trafic qualifié.

- **Des infographies**

Pour diversifier votre contenu et attirer l'attention des internautes, pensez également à inclure des infographies sur votre site web. Les infographies sont des images qui

Chapitre 1 : Le Community Management

combinent du texte et des illustrations et qui sont très appréciées par les utilisateurs. Elles peuvent également créer de l'engagement sur les réseaux sociaux.

- **Des podcasts**

Les podcasts sont devenus un canal de communication incontournable pour les entreprises qui ciblent un public spécialisé ou qui cherchent à se positionner en tant qu'autorité dans leur secteur. En utilisant cette méthode de contenu, les entreprises peuvent atteindre un public plus large tout en établissant leur crédibilité et leur expertise.

- **Des webinaires**

Les webinaires, en raison de la pandémie de Covid-19 qui a cloîtré des millions de personnes chez elles, sont devenus une méthode de communication en ligne privilégiée par les entreprises pour continuer à travailler et à rester en contact avec leur public. Cette pratique est un excellent moyen d'engager votre audience. Nous vous recommandons d'en organiser régulièrement.

- **Des classements**

Les classements sont des types de contenus très appréciés des lecteurs. Ils sont souvent utilisés pour établir des comparaisons entre des personnes, des produits ou des services et pour fournir une liste de recommandations aux lecteurs.

Chapitre 1 : Le Community Management

Les classements peuvent également aider à améliorer le référencement naturel de votre site web en fournissant des mots-clés pertinents pour votre secteur d'activité. Cependant, il est important de veiller à la qualité et à la pertinence des classements que vous publiez, afin d'éviter de perdre la confiance de votre audience.

- **Des tableaux**

Les tableaux sont un format très utile pour présenter des données ou d'autres types d'informations. Les lecteurs peuvent facilement y trouver des chiffres ou des données spécifiques sur un sujet précis.

Les tableaux peuvent être utilisés pour présenter des comparaisons, des statistiques ou des listes. Ils offrent également une présentation claire et structurée des informations, facilitant ainsi la lecture et la compréhension des données. Les tableaux sont donc un excellent moyen de communiquer des informations précises de manière concise et visuellement attrayante.

- **Des ebooks**

Les e-books sont un excellent moyen d'attirer de nouveaux lecteurs sur votre site web et d'augmenter le trafic. Disponibles généralement au format PDF, ils peuvent être téléchargés gratuitement.

Les e-books peuvent fournir des informations approfondies sur un sujet particulier, offrir des conseils pratiques, ou encore présenter les services et produits

Chapitre 1 : Le Community Management

d'une entreprise. En proposant un e-book de qualité, vous pouvez attirer l'attention de votre public cible et devenir une référence dans votre domaine d'activité.

Pour avoir une bonne visibilité sur les moteurs de recherche, il est important de comprendre que la qualité du contenu est primordiale. Pour cela, il est nécessaire d'inclure des éléments clés pertinents dans votre texte. Cela comprend les mots-clés, les titres et sous-titres, les balises meta, les liens internes et externes, ainsi que la longueur et la structure du texte. Un contenu bien structuré et facile à lire avec des informations pertinentes et utiles pour le lecteur augmentera vos chances d'apparaître en première page des résultats des moteurs de recherche.

Il est important de comprendre que la qualité d'un contenu est un facteur déterminant pour son classement dans les résultats des moteurs de recherche. Ainsi, pour optimiser le référencement naturel d'un texte, il est essentiel d'y intégrer des éléments clés pertinents tels que :

- **Le méta-titre et la méta-description**

Le méta-titre, également appelé balise de titre ou title tag en anglais, est la partie de votre contenu qui est affichée aux utilisateurs de Google dans les résultats de recherche. Il s'affiche en bleu et doit clairement indiquer le nom de la page Web. Les utilisateurs doivent cliquer sur ce titre pour accéder à votre page Web. Pour un méta-titre

Chapitre 1 : Le Community Management

efficace, il est recommandé d'utiliser entre 50 et 70 caractères.

La méta-description, quant à elle, est le texte qui apparaît sous le méta-titre et l'URL dans les résultats de recherche de Google. Il est affiché en caractères noirs et fournit une brève description de la page Web.

- **Le titre**

Le titre de votre page web est un élément crucial pour attirer l'attention des utilisateurs et pour être bien référencé sur les moteurs de recherche. Il s'agit de la première chose que les utilisateurs voient lorsqu'ils arrivent sur votre page et doit contenir des termes pertinents et recherchés par votre public cible.

Les moteurs de recherche accordent également une grande importance au titre, car il leur permet de comprendre de quoi parle votre page et de l'afficher dans les résultats de recherche pertinents. Il est donc essentiel de bien choisir votre titre pour améliorer la visibilité et l'attractivité de votre page web.

- **Le style d'écriture**

Lors de la rédaction de votre contenu, le style d'écriture est un élément clé. Il est essentiel d'avoir un style clair et simple, avec des phrases courtes, afin de rendre le contenu facile à comprendre pour vos lecteurs.

Il est également important de structurer votre contenu en paragraphes pour améliorer sa lisibilité. Évitez de vous

Chapitre 1 : Le Community Management

éloigner du sujet principal et assurez-vous que votre contenu apporte une valeur ajoutée à vos lecteurs. Cela les encouragera à revenir régulièrement pour consulter votre contenu.

- **Le Rich Content**

Le Rich Content, est un élément essentiel pour diversifier et rendre attractif votre contenu. Il inclut des médias tels que des vidéos, des images, des infographies, des tableaux, des animations, etc.

L'utilisation de ce type de contenu peut améliorer l'engagement des utilisateurs et les encourager à interagir avec votre site web. Il est important de bien associer ces éléments à des balises méta appropriées pour aider les moteurs de recherche à comprendre le contenu et ainsi améliorer votre référencement.

- **Les liens sortants**

Les liens sortants sont des hyperliens qui redirigent vers d'autres sites Web, généralement utilisés pour étayer votre contenu en fournissant des sources d'information fiables.

Les liens sortants peuvent contribuer à renforcer la crédibilité de votre contenu aux yeux de votre public et des moteurs de recherche. Cependant, assurez-vous de choisir des sources dignes de confiance et pertinentes pour votre contenu, et évitez les liens excessifs qui pourraient distraire votre lecteur de votre propre contenu.

Chapitre 1 : Le Community Management

✓ **Le Community Manager n'est pas un expert en e-mail marketing**

Bien que la gestion de l'email marketing fasse souvent partie des responsabilités d'un Community manager, ce n'est pas sa tâche principale. Le Community Manager doit se concentrer sur l'animation de la communauté sur les réseaux sociaux et l'engagement des membres, plutôt que sur la conception et la diffusion de newsletters.

✓ **Le Community Manager n'est pas un graphiste professionnel**

Même s'il est important pour un Community manager de posséder des compétences en design pour créer des visuels accrocheurs, il ne doit pas être confondu avec un graphiste professionnel. Le Community Manager ne doit pas passer la majeure partie de son temps à créer des designs sophistiqués, mais plutôt à élaborer des stratégies pour atteindre les objectifs de la communauté.

Ainsi, afin d'améliorer votre stratégie de marketing visuel et d'augmenter votre productivité, l'utilisation de certaines banques d'images peut vous être très utile en tant que Community Manager.

Les banques d'images revêtent une importance cruciale dans de nombreux aspects de la vie professionnelle, en particulier dans les domaines du marketing, de la publicité et de la conception.

Chapitre 1 : Le Community Management

Une banque d'images est un vaste catalogue en ligne regroupant des photographies, des illustrations et des vidéos que les utilisateurs peuvent utiliser pour leurs projets personnels ou professionnels. Ces images sont généralement créées par des professionnels de la photographie ou de l'illustration et peuvent être achetées ou utilisées sous licence.

Les banques d'images offrent une variété d'images adaptées à différents types de projets tels que le marketing, la publicité, la conception, les blogs et les sites web. Elles sont souvent utilisées pour gagner du temps et de l'effort, permettant aux utilisateurs d'accéder à des images de haute qualité sans avoir à les créer eux-mêmes.

Si vous souhaitez éventuellement vous démarquer de la concurrence, il est essentiel de privilégier des visuels de qualité exceptionnelle.

Voici d'autres raisons qui expliquent leur importance :

- **Accessibilité**

Les banques d'images permettent aux utilisateurs d'accéder à un grand nombre d'images de haute qualité en un seul endroit, ce qui peut être pratique pour les professionnels qui ont besoin d'images pour leurs projets.

- **Économie de temps**

Les banques d'images peuvent économiser du temps en évitant la nécessité de prendre des photos ou de les

Chapitre 1 : Le Community Management

concevoir, ce qui peut prendre beaucoup de temps et d'efforts.

- **Qualité**

Les banques d'images fournissent souvent des images de haute qualité qui peuvent être utilisées pour des projets professionnels sans nécessiter de retouches ou de modifications importantes.

- **Variété**

Les banques d'images offrent souvent une variété d'images qui peuvent être utilisées pour différents types de projets et pour différents types d'audiences.

- **Licences**

Les banques d'images offrent souvent des licences pour les images, ce qui peut être important pour les entreprises qui souhaitent utiliser des images pour leurs projets sans craindre des problèmes de droits d'auteur.

En somme, les banques d'images sont importantes pour les professionnels en raison de leur accessibilité, de leur capacité à économiser du temps, de la qualité et de la variété des images qu'elles offrent, ainsi que des licences qu'elles fournissent pour les utiliser de manière appropriée.

- **Pixabay**

Pixabay est une communauté dynamique de créatifs partageant des images et des vidéos sans droit d'auteur.

Chapitre 1 : Le Community Management

Tous les contenus sont publiés sous la licence Pixabay, ce qui les rend sûrs à utiliser sans requérir la permission

- **Freeimages**

Freeimages vous donne la possibilité de passer en revue plus de 300 000 photos gratuites et de trouver rapidement l'image libre de droits qui vous convient. Téléchargez des images de qualité supérieure gratuites pour une utilisation commerciale ou quotidienne sans obligation d'achat.

- **Jolixi**

Jolixi est une autre banque d'images africaines qui propose principalement des contenus payants à des tarifs abordables. C'est une belle solution si vous recherchez des images libres de droits, mais que vous ne possédez pas de carte de crédit, car la plateforme accepte également les paiements via le mobile money.

D'autres banques d'images africaines : Nataal Bi; Nappy et cetera.

- ✓ **Le Community Manager n'est pas un professionnel de la relation client à temps plein**

Bien que les relations avec les clients soient une partie importante du travail d'un Community manager, il ne doit pas être confondu avec un employé de service client à temps plein. Le Community Manager doit se concentrer sur l'animation de la communauté, la gestion des crises et

Chapitre 1 : Le Community Management

la réponse aux commentaires, plutôt que sur le traitement des demandes individuelles de service client.

✓ **Le Community Manager n'est pas un gestionnaire de projet à temps plein**

Bbien que la gestion de projet puisse faire partie des responsabilités d'un Community manager, il ne doit pas être confondu avec un gestionnaire de projet à temps plein. Le Community Manager doit se concentrer sur l'élaboration et la mise en œuvre de stratégies pour atteindre les objectifs de la communauté, plutôt que sur la gestion de projets complexes.

2. Le Community Manager Freelance

Un Community Manager freelance est un professionnel qui travaille de manière indépendante pour gérer la présence en ligne d'une entité sur les médias sociaux.

En tant que freelance, un Community Manager doit être en mesure de gérer son temps efficacement, de travailler de manière autonome et de communiquer efficacement avec ses clients. Il doit également avoir des compétences solides en marketing numérique, en rédaction de contenu, en gestion de projet et en analyse de données.

Pour réussir en tant que Community Manager freelance, il est important de construire une réputation solide, de réseauter avec d'autres professionnels du marketing numérique et de suivre les dernières tendances et les

Chapitre 1 : Le Community Management

meilleures pratiques en matière de médias sociaux et de marketing numérique.

3. Comment fixer ses tarifs en tant que Community Manager Freelance ?

Fixer ses tarifs en tant que Community Manager freelance peut être difficile car il n'y a pas de norme universelle pour les tarifs. Cependant, il y a plusieurs facteurs à prendre en compte pour déterminer les tarifs :

- ✓ **L'expérience**

Les Community Managers avec plus d'expérience peuvent facturer des tarifs plus élevés. Si vous êtes nouveau dans le métier, il est probable que vous deviez offrir des tarifs inférieurs pour attirer des clients.

- ✓ **Les compétences**

Les compétences spécialisées, telles que la création de publicités payantes sur les réseaux sociaux, peuvent justifier des tarifs plus élevés.

- ✓ **La complexité du travail**

Les tâches plus complexes, telles que la gestion de plusieurs réseaux sociaux ou la mise en place de campagnes de marketing, justifient souvent des tarifs plus élevés.

- ✓ **La concurrence**

Chapitre 1 : Le Community Management

Il est important de tenir compte de la concurrence locale et des montants proposés par d'autres Community Managers facturent.

✓ **Les frais généraux**

Il est important de tenir compte de vos frais généraux, tels que les logiciels, les outils et autres dépenses liées à vos charges.

✓ **La demande**

Si la demande pour les services de Community Manager est forte, cela peut justifier des tarifs plus élevés.

NB : Le travail de Community Manager freelance requiert une évaluation minutieuse de différents facteurs afin de déterminer des tarifs qui reflètent la valeur du travail fourni, tout en restant compétitifs sur le marché.

Le tarif doit être juste pour les deux parties impliquées - le client et le Community Manager - tout en prenant en compte les réalités économiques du marché ainsi que les coûts d'exploitation inhérents à la profession de travailleur indépendant. Il est donc important que le Community Manager prenne le temps d'évaluer ces différents éléments avant de fixer ses tarifs, pour s'assurer que ses services sont valorisés à leur juste prix tout en étant accessibles pour ses clients.

CHAPITRE II : LA STRATÉGIE DE CONTENU ET LA GESTION DES MÉDIAS SOCIAUX

Chapitre 2 : La stratégie de contenu et la gestion des médias sociaux

1. La stratégie de contenu

Pour établir une stratégie de contenu réussie en tant que Community Manager avisé, la ligne éditoriale et l'utilisation d'un calendrier marketing sont des éléments essentiels. Le calendrier marketing permet de planifier et d'organiser le contenu à publier sur les différents canaux de communication, tout en maintenant la cohérence de la ligne éditoriale de l'entreprise ou de la marque. Il permet également de définir les thèmes et les sujets de chaque publication, ce qui permet d'être plus efficace dans la gestion du contenu et d'avoir une vue d'ensemble sur les publications à venir.

En offrant un moyen structuré de prévoir et de programmer les publications, le calendrier éditorial peut aider à maximiser l'impact du contenu en atteignant les audiences au bon moment.

En outre pour mettre en place une stratégie de contenu efficace propre à la marque ou à l'organisation dont à la charge le gestionnaire de communauté en ligne, ce dernier doit être capable de :

✓ **Définir les objectifs**

Avant de produire du contenu, le Community Manager Intelligent doit en premier lieu définir les objectifs de la stratégie de contenu en se posant les bonnes questions, telles que : la stratégie de contenu de l'entreprise ou de l'organisation vise-t-elle à augmenter la notoriété de la marque ? À attirer de nouveaux clients ? À fidéliser les

Chapitre 2 : La stratégie de contenu et la gestion des médias sociaux

clients actuels ou à générer des leads ? Une fois les objectifs clairement établis, la création de contenus pertinents sera grandement facilitée.

✓ **Établir une image de marque**

Pour cela, il est important de définir l'identité visuelle, les valeurs de la marque, la tonalité de la communication et les objectifs à long terme. Cette image de marque servira de fil conducteur pour la stratégie de contenu.

✓ **L'identité visuelle**

L'identité visuelle est composée de différents éléments graphiques cohérents qui renforcent votre communication visuelle sur différents canaux de diffusion. Le logo est l'élément clé de cette identité visuelle, car il doit immédiatement véhiculer l'objectif de l'entreprise et l'identité de votre marque. Il fait partie d'un ensemble graphique décrit dans un document appelé « Charte graphique ».

La charte graphique est un document PDF qui regroupe tous les éléments de l'identité visuelle de l'entreprise, ainsi que les règles pour leur utilisation sur différents supports de communication. Elle comprend notamment le logo ainsi que le choix de la police de caractère et des couleurs.

Il est important de soigner l'identité visuelle pour transmettre une image professionnelle et gagner la confiance de votre communauté. Évitez l'utilisation les

Chapitre 2 : La stratégie de contenu et la gestion des médias sociaux

éléments visuels de mauvaise qualité qui peuvent nuire à l'efficacité de votre communication.

✓ **Les Objectifs à long terme**

En tant que Community Manager Intelligent, il est important de comprendre que les objectifs à long terme de l'image de marque peuvent varier d'une entreprise ou d'une organisation à l'autre, mais leur finalité est d'établir et de renforcer la réputation de la marque, d'augmenter sa notoriété, sa crédibilité et la confiance qu'elle inspire auprès du public, ainsi que de fidéliser sa clientèle.

Ces objectifs peuvent également inclure l'expansion de la clientèle et des marchés, la distinction de la marque par rapport à ses concurrents, l'amélioration de la qualité des produits ou services, et la création d'une image de marque cohérente et durable. Pour atteindre ces objectifs, il est essentiel de mettre en place une stratégie de marketing et de communication efficace, en utilisant les canaux appropriés pour toucher les publics cibles et en travaillant continuellement sur l'amélioration de la qualité et de la satisfaction client.

✓ **La tonalité de la communication**

En tant que Community Manager Intelligent, il est primordial de maintenir une communication professionnelle et en adéquation avec l'image de marque de l'entité que l'on représente. Il est essentiel d'adopter une tonalité claire, concise et amicale, tout en étant adapté au public cible et en reflétant les valeurs de l'entité.

Chapitre 2 : La stratégie de contenu et la gestion des médias sociaux

La tonalité de communication du Community Manager Intelligent se veut à la fois professionnelle, authentique et orienté sur le service client. Le choix d'utiliser le vouvoiement, le tutoiement, ou les deux, peut être fait en fonction de la situation et des préférences de la communauté.

✓ **Comprendre son audience**

Pour créer un contenu pertinent, il faut comprendre son audience. Qui sont-ils ? Quels sont leurs besoins, leurs intérêts, leurs défis ? Pour cela, il est possible d'analyser les données démographiques, les habitudes de consommation, les commentaires sur les réseaux sociaux, les recherches en ligne, etc.

✓ **Créer du contenu original et pertinent**

Le contenu est la pierre angulaire de toute stratégie de contenu réussie. Pour créer du contenu original et de qualité, le Community Manager Intelligent doit travailler en étroite collaboration avec les équipes créatives et éditoriales. Le contenu peut prendre la forme de vidéos, d'articles, d'infographies, de podcasts, de livres blancs ou de webinaires, en fonction des besoins et des intérêts de la communauté.

✓ **Créer des contenus interactifs**

Les contenus interactifs, tels que les quiz, les sondages, les concours, les jeux, etc., peuvent aider à augmenter

Chapitre 2 : La stratégie de contenu et la gestion des médias sociaux

l'engagement des utilisateurs et à renforcer la fidélité à la marque.

✓ Utiliser l'IA pour aider à la création de contenu

Les outils d'IA peuvent aider à générer des idées de sujets, à rédiger des titres accrocheurs, à optimiser le référencement, à recommander des images ou des vidéos pertinentes, et plus encore.

✓ Développer une stratégie de distribution efficace

La stratégie de distribution est tout aussi importante que la création de contenu. Le Community Manager Intelligent doit identifier les canaux de distribution les plus pertinents pour atteindre son public cible, tels que les réseaux sociaux, les forums, les blogs, les newsletters ou les événements en ligne.

✓ Collaborer avec des influenceurs

Les collaborations avec des influenceurs peuvent aider à atteindre de nouveaux publics et à augmenter la visibilité de la marque. Les influenceurs peuvent aider à créer du contenu, à promouvoir du contenu existant, à organiser des événements en ligne, etc.

Que vous soyez une petite, moyenne ou grande entreprise, les campagnes d'influence doivent impérativement être intégrées à votre stratégie de marketing digital. Les influenceurs sur les réseaux sociaux

Chapitre 2 : La stratégie de contenu et la gestion des médias sociaux

sont devenus des leaders d'opinion incontournables, très suivis et capables d'inciter leur communauté à consommer vos produits. Ils peuvent également apporter de la crédibilité à votre marque.

Les influenceurs diffèrent selon leur domaine de prédilection, leur style de présentation et leur nombre d'abonnés. Pour réussir votre campagne d'influence, vous devez prendre en compte plusieurs facteurs. Intégrer le marketing d'influence dans votre stratégie digitale est impératif si vous souhaitez développer votre marque, générer de la confiance et booster vos ventes.

Si vous souhaitez augmenter l'engagement de votre audience envers vos produits ou services et gagner rapidement en visibilité, faire appel à un influenceur peut s'avérer être une stratégie pertinente. Cependant, il est crucial de choisir le bon influenceur pour votre entreprise. Les influenceurs peuvent être classés en quatre catégories principales, et il est important de sélectionner celui qui correspond le mieux à votre entreprise en termes d'image, de valeurs et de public cible.

- ✓ **Les influenceurs hors-catégorie**

Les influenceurs hors-catégorie sont des personnalités de haut niveau sur les réseaux sociaux, qui comptent souvent plus de 10M d'abonnés. Leur tarification est variable et dépend de leur influence sur le marché.

- ✓ **Les méga-influenceurs**

Chapitre 2 : La stratégie de contenu et la gestion des médias sociaux

Les méga-influenceurs, aussi appelés macro-influenceurs, possèdent un nombre d'abonnés compris entre 100K et 3M sur les réseaux sociaux. Ils sont généralement connus dans leur secteur d'activité, qu'il s'agisse d'acteurs, de sportifs, d'artistes, d'auteurs ou de créateurs de contenu. Ils sont capables de promouvoir des produits auprès d'une audience considérable.

✓ Les micro-influenceurs

Les micro-influenceurs, quant à eux, ont entre 10K et 100K abonnés sur les réseaux sociaux. Bien que leur nombre d'abonnés soit plus limité que celui des méga-influenceurs, ils ne sont pas à sous-estimer, car leur communauté peut être très impliquée. Ils sont souvent choisis par les marques comme ambassadeurs.

✓ Les nano-influenceurs

Leur nombre d'abonnés est relativement plus faible par rapport aux autres catégories d'influenceurs, oscillant entre 0 et 10K abonnés. Cependant, avoir peu d'abonnés ne signifie pas un manque de succès. Les nano-influenceurs sont tout aussi authentiques et professionnels et de plus en plus sollicités car leur audience recherche un contenu original et non seulement promotionnel.

✓ Le coût moyen d'un influenceur

Le coût d'un influenceur peut varier en fonction de plusieurs facteurs tels que sa catégorie, la qualité de son contenu et le réseau social sur lequel il est actif.

Chapitre 2 : La stratégie de contenu et la gestion des médias sociaux

Voici une idée de la rémunération des influenceurs selon une récente étude de la plateforme de marketing d'influence Kolsquare

	Nano-influenceurs [0-10K]	Micro-influenceurs [10-100K]	Macro-influenceurs [100-3 Millions]
Instagram			
Post	0-165 €	155-1 900 €	1900-25 000 €
Live	0-400 €	400-2 500 €	2500-40 000 €
Reels	0-300 €	300-2 500 €	2500-35 000 €
Stories	0-90 €	90-1 400 €	1400-24 000 €
Twitter			
Post	0-40 €	40-400 €	400-6 000 €
Facebook			
Publication	0-80 €	80-800 €	2400-12 000 €
Snapchat			
Snap	0-100 €	100-800 €	800-10 000 €
YouTube			
Vidéo	0-2500 €	2500-10 000 €	10 000-50 000 €

Il est essentiel de noter que les chiffres donnés ne sont que des indications et qu'ils peuvent varier considérablement selon plusieurs autres critères, notamment la niche de marché, la qualité du contenu et l'engagement de l'audience. Le montant de la rémunération d'un influenceur dépend ainsi de divers facteurs et doit être négocié au cas par cas entre l'influenceur et la marque.

Chapitre 2 : La stratégie de contenu et la gestion des médias sociaux

Les partenariats incontournables pour une campagne d'influence réussie

Les influenceurs sont des individus qui ont établi une relation avec leur audience en ligne et qui peuvent transmettre le message d'une marque à leur public. Le marketing d'influence peut prendre différentes formes, telles que la collaboration avec des influenceurs pour produire du contenu, promouvoir des produits ou donner leur avis sur ces derniers. L'objectif du marketing d'influence est d'accroître la visibilité de la marque en utilisant la crédibilité et la confiance que les influenceurs ont établies avec leur public. Les campagnes d'influence peuvent aider les entreprises à toucher de nouveaux publics, renforcer leur présence en ligne et améliorer leur notoriété de marque.

Bien que le marketing d'influence puisse être très efficace, il est essentiel de choisir des influenceurs pertinents et de les intégrer de manière cohérente avec la stratégie globale de marketing numérique pour obtenir les meilleurs résultats. Il est également crucial de travailler avec des influenceurs ayant un public engagé et partageant les valeurs et la voix de la marque.

En effet, le marketing d'influence est un outil puissant pour aider les entreprises à atteindre leurs objectifs de marketing numérique en utilisant des personnes influentes pour transmettre leur message à une audience cible.

Si vous prévoyez de lancer des campagnes d'influence, voici 7 types de partenariats qui peuvent vous être utiles :

Chapitre 2 : La stratégie de contenu et la gestion des médias sociaux

- ✓ **L'ambassadeur de marque :** une méthode qui vise à établir une relation durable entre un créateur de contenu et une marque, afin que ce dernier représente régulièrement les produits de la marque auprès de sa communauté ;

- ✓ **Le contenu sponsorisé :** une technique courante qui consiste à rémunérer un influenceur pour qu'il fasse la promotion de la marque ;

- ✓ **Le placement de produits :** une méthode de marketing d'influence où un influenceur présente les produits de la marque sur ses plateformes numériques, souvent accompagné d'un code de réduction portant son nom ;

- ✓ **Le take over :** une stratégie où un créateur de contenu prend temporairement en charge les plateformes de médias sociaux d'une marque pour accroître sa visibilité :

- ✓ **Les jeux concours :** une technique qui encourage l'engagement envers la marque en proposant des concours à sa communauté de créateurs de contenu ;

- ✓ **L'envoi des produits :** une méthode où la marque envoie des produits à un influenceur pour qu'il les présente sur ses différents canaux de médias sociaux.

Chapitre 2 : La stratégie de contenu et la gestion des médias sociaux

- ✓ **L'affiliation** : une technique qui permet à la marque de rémunérer un influenceur en fonction des résultats obtenus, offrant ainsi un contrôle sur le budget publicitaire.

2. Les réseaux sociaux : élément clé de la stratégie du gestionnaire de communauté en ligne

Les réseaux sociaux jouent un rôle crucial dans le développement d'une audience et d'une marque en ligne en raison de leur popularité auprès d'un grand nombre de personnes dans le monde.

En effet, près de la moitié de la population mondiale utilise les réseaux sociaux et y passe en moyenne 2 heures et 29 minutes par jour. En 2022, les réseaux sociaux ont atteint 4,7 milliards d'utilisateurs actifs sur une population mondiale de 8 milliards d'habitants, soit 59% de la population totale, avec une répartition de 45,7% de femmes et 54,3% d'hommes.

Au cours du premier semestre de 2022, le nombre d'utilisateurs de réseaux sociaux a augmenté de 1%, soit 47 millions de nouveaux utilisateurs, avec une hausse de 227 millions d'utilisateurs en 12 mois.

Le rapport de We Are Social et Meltwater paru au mois d'avril 2023 indique qu'il y a désormais 4,80 milliards d'utilisateurs de médias sociaux dans le monde, ce qui correspond à 59,9 % de la population mondiale.

Chapitre 2 : La stratégie de contenu et la gestion des médias sociaux

En moyenne, un utilisateur de réseaux sociaux utilise environ 7,5 plateformes différentes par mois. Parmi les utilisateurs, la majorité (47,6%) les utilisent pour rester en contact avec leur entourage, tandis que 22,5% les utilisent à des fins professionnelles. De plus, 57% des utilisateurs de réseaux sociaux s'en servent pour s'informer, faisant des réseaux sociaux la troisième source d'information la plus importante dans le monde. Enfin, environ 40% des petites entreprises et start-ups utilisent la publicité sur les réseaux sociaux pour augmenter leurs revenus.

Le Community Manager Intelligent doit être un professionnel des réseaux sociaux, ayant une connaissance approfondie des fonctionnalités et des tendances de chaque plateforme sociale. L'analyse de données est un élément clé de son travail. Le Community Manager collecte et analyse les données sur l'engagement, la portée et les préférences de sa communauté pour ajuster sa stratégie de marketing et de communication.

Il est important que le Community Manager adapte sa stratégie en fonction des plateformes sociales les plus efficaces pour sa communauté. Par exemple, il peut se concentrer sur Instagram si sa communauté y est plus active plutôt que sur Snapchat.

3. Facebook, leader indétrônable des réseaux sociaux

Chapitre 2 : La stratégie de contenu et la gestion des médias sociaux

Fondé en 2004 par Mark Zuckerberg et un groupe d'étudiants, Facebook est le réseau social le plus populaire au monde, avec près de 3 milliards d'utilisateurs actifs mensuels en 2022, soit une augmentation de 1% par rapport à l'année précédente.

Au premier trimestre de 2023, le nombre d'utilisateurs actifs quotidiens sur Facebook s'élève à environ 2 milliards. Initialement créé comme un annuaire numérique pour les étudiants de Harvard, Facebook s'est rapidement étendu à d'autres universités prestigieuses des États-Unis et du Canada avant de s'ouvrir au grand public en 2006, permettant aux personnes de 13 ans et plus de rejoindre le réseau social. Chaque jour en 2021, environ 400 nouveaux utilisateurs ont rejoint Facebook.

Les utilisateurs de Facebook génèrent en moyenne 4 millions de « likes » par minute et 35 millions de personnes mettent à jour leur statut quotidiennement. Ils passent en moyenne 58,5 minutes par jour sur la plateforme, et 88% d'entre eux y accèdent via des appareils mobiles. Près de 60,6% des internautes dans le monde utilisent Facebook, soit près de deux tiers de la population mondiale d'Internet.

Actuellement, environ 3 milliards de smartphones sont utilisés dans le monde, dont 85% des propriétaires utilisent l'application Facebook avec une moyenne de 8 connexions par jour.

Les centres d'intérêt des utilisateurs de Facebook sont variés, avec 33% pour le divertissement, 23% pour les

Chapitre 2 : La stratégie de contenu et la gestion des médias sociaux

actualités, 17% pour les marques, 11% pour le renforcement de leurs réseaux professionnels et 6% pour d'autres utilisations (alimentation, mode…). Les adolescents représentent 51% des utilisateurs. Environ 25% des utilisateurs de Facebook ont entre 25 et 34 ans et sont le groupe le plus actif sur le réseau social.

Selon Hostingrating, 26% des utilisateurs de Facebook qui ont cliqué sur des publicités ont effectué un achat, avec une moyenne de 11 clics par mois et un coût moyen par clic de 1,72 $ US. Les impressions publicitaires Facebook ont augmenté de 33% entre 2019 et 2020, et les comptes mobiles représentent la majorité des appareils utilisés pour la publicité sur Facebook, soit 94% du total.

En moyenne, les utilisateurs de Facebook aiment 12 publications et en commentent 4 par mois. Cependant, malgré ces chiffres et statistiques considérables, l'engagement publicitaire sur Facebook reste 10 fois moins élevé que sur Instagram, un autre réseau social du Groupe Meta. En effet, Facebook n'affiche qu'un taux d'engagement moyen de 0,07% en 2023.

Le but marketing de Facebook est de fournir une plateforme pour les marques et les entreprises afin d'atteindre des objectifs spécifiques. Parmi ces objectifs, il y a la possibilité pour les marques de construire une communauté en ligne de personnes qui partagent des intérêts similaires ou qui sont des clients de la marque. Cela permet aux marques de mieux comprendre leurs clients et d'interagir avec eux de manière plus significative.

Chapitre 2 : La stratégie de contenu et la gestion des médias sociaux

Facebook offre également aux entreprises la possibilité de développer leurs ventes en mettant en place des pages de vente, en créant des publicités et en ciblant des publics spécifiques en fonction de l'âge, du sexe, des centres d'intérêt et d'autres facteurs démographiques.

En outre, Facebook permet aux marques de créer des campagnes marketing ciblées en utilisant des données sur les comportements en ligne des utilisateurs, telles que les pages qu'ils aiment et les publications auxquelles ils réagissent. Les marques peuvent utiliser ces informations pour cibler des publicités en fonction des intérêts spécifiques de leur public cible.

Facebook est une plateforme très efficace pour les marques et les entreprises qui souhaitent atteindre des objectifs de marketing précis. Ces objectifs comprennent notamment la création de communautés en ligne, l'augmentation des ventes et la mise en place de campagnes publicitaires ciblées.

a) Les éléments essentiels à connaître pour comprendre et exploiter l'algorithme de Facebook

Pour gérer efficacement une marque sur Facebook, la première étape consiste à créer une page dédiée aux activités de celle-ci. N''utilisez pas un compte personnel car il a une portée limitée.

Pour une marque, avoir une page Facebook est une première étape, mais la promouvoir efficacement en est

Chapitre 2 : La stratégie de contenu et la gestion des médias sociaux

une autre. Les e-commerçants, par exemple, doivent souvent relever le défi de trouver des clients en ligne intéressés par leurs produits. Pour y faire face, le Community Manager Intelligent doit trouver des moyens d'inverser cette tendance en exploitant d'abord l'audience organique avant d'envisager, si nécessaire, de recourir à la publicité payante.

L'audience organique, également connue sous le nom de « **reach organic** », désigne le nombre de personnes qui voient une publication sur un réseau social sans qu'aucun coût supplémentaire ne soit engagé pour faire de la publicité. Cela signifie que la publication est visible pour les abonnés et les personnes qui suivent la page ou le profil, ainsi que pour d'autres utilisateurs qui ont interagi avec le contenu de manière organique, tels que des commentaires, des partages ou des mentions J'aime.

Il convient de rappeler que depuis l'introduction du nouvel algorithme, la portée des publications sur Facebook a fortement diminué. En réalité, seulement entre 10 et 25% des abonnés d'une page Facebook peuvent voir les publications de celle-ci. Il est donc important de comprendre comment fonctionne cet algorithme pour maximiser la visibilité des publications dans le fil d'actualités.

L'algorithme de Facebook, auparavant appelé Edgerank, a été implémenté en 2010 pour faire face aux défis liés à l'augmentation du nombre d'abonnés et de publications. Il devait également fournir un contenu personnalisé pour les

Chapitre 2 : La stratégie de contenu et la gestion des médias sociaux

utilisateurs et les encourager à passer plus de temps sur le réseau social. Depuis la mise à jour du 11 janvier 2018, cet algorithme est connu sous le nom de News Feed Algorithm.

Comme tout produit, Facebook a également sa notice d'utilisation. Il est donc impératif d'obtenir un minimum d'informations sur le fonctionnement de l'algorithme avant de commencer à utiliser le réseau social pour promouvoir votre entreprise.

b) Découvrez en 4 étapes comment fonctionne le News Feed Algorithm

Étape 1 : l'inventaire

Lorsque vous vous connectez sur Facebook, le News Feed Algorithm effectue un inventaire de tout ce qui a été publié par vos amis, les pages et profils que vous suivez sur le réseau social.

Étape 2 : l'analyse des signaux

Après l'étape d'inventaire, l'algorithme analyse toutes les données disponibles afin de prédire les contenus qui pourraient vous intéresser. Les personnes avec lesquelles vous êtes amis, les pages et profils que vous suivez sont des éléments clés dans cette analyse, car ils fournissent des informations sur vos centres d'intérêt. Facebook appelle ces informations les « **signaux** », qui sont essentiels pour l'algorithme dans sa tâche de personnalisation de votre fil d'actualité.

Chapitre 2 : La stratégie de contenu et la gestion des médias sociaux

Facebook utilise plusieurs critères pour classer les contenus dans le fil d'actualité, tels que l'origine de la publication (amis, pages, profils), l'appareil utilisé pour se connecter (téléphone, tablette, PC, ordinateur de bureau), l'heure de publication, ainsi que d'autres facteurs similaires.

Étape 3 : les prédictions

Une fois les données analysées, Facebook utilise les signaux pour prédire les types de contenus qui pourraient intéresser l'utilisateur. Il convient de noter que Facebook ne prédit pas l'avenir de l'utilisateur, mais plutôt ses préférences en matière de contenu.

Étape 4 : l'évaluation

Le News Feed Algorithm doit sélectionner les publications pertinentes pour les classer dans votre fil d'actualités. L'algorithme est donc chargé de déterminer le moment idéal pour diffuser une publication dans le fil d'actualités. Si une publication apparaît dans votre fil d'actualités, cela signifie qu'elle a obtenu le score de pertinence le plus élevé en fonction de vos préférences et de votre historique de navigation sur Facebook.

c) Les facteurs clés du News Feed Algorithm

Pour réussir à maintenir et à développer votre marque sur Facebook, il est essentiel de comprendre que l'engagement de votre communauté est plus important que le nombre de vos abonnés. Pour cela, il est crucial de créer une relation avec votre audience en publiant

Chapitre 2 : La stratégie de contenu et la gestion des médias sociaux

régulièrement du contenu engageant qui incite à l'interaction. Peu importe si vous avez un grand nombre d'abonnés, comme 10K, 20K ou 50K, ce qui est vraiment déterminant, c'est l'engagement de votre communauté.

Le News Feed Algorithm classe les interactions selon leur importance, en se basant sur différents critères tels que le type d'interaction, le nombre de personnes qui interagissent avec votre contenu, et d'autres facteurs similaires.

d) La réaction du News Feed Algorithm dépend de la performance de votre publication.

Bien que la durée de vie organique d'un post sur Facebook soit généralement de 6 heures, l'engagement des utilisateurs reste le facteur déterminant pour mesurer sa performance.

Si une publication génère une interaction élevée, comme des likes, des commentaires, des partages et des enregistrements, cela indique à l'algorithme de Facebook que le contenu est pertinent et intéressant pour les utilisateurs. Par conséquent, la plateforme augmentera la visibilité de la publication pour atteindre davantage d'utilisateurs.

D'autres éléments sont à prendre en compte, tels que :

Les types de contenu : Facebook est capable de reconnaître différents types de contenu, tels que les images, les vidéos, les articles et les statuts, et utilise ces

Chapitre 2 : La stratégie de contenu et la gestion des médias sociaux

informations pour personnaliser le fil d'actualité de l'utilisateur en fonction de ses préférences.

La source : Facebook évalue la réputation et la qualité des sources de contenu pour déterminer leur fiabilité et leur pertinence pour les utilisateurs.

La date de publication : les publications les plus récentes ont tendance à apparaître en haut du fil d'actualité, tandis que les publications plus anciennes sont reléguées vers le bas.

La fréquence de publication : si un utilisateur interagit fréquemment avec les publications d'une source en particulier, Facebook peut en déduire que cette source est importante pour lui et augmenter la visibilité de ses publications dans le fil d'actualité de l'utilisateur.

Grâce à ces signaux ainsi qu'à d'autres données et techniques d'analyse, Facebook personnalise en temps réel le fil d'actualité de chaque utilisateur en fonction de ses préférences et de ses comportements sur la plateforme.

b. Améliorez votre portée organique avec ces astuces clés

Optimisez les suggestions : Facebook propose des suggestions personnalisées aux utilisateurs pour leur permettre de découvrir de nouvelles communautés et de nouveaux contenus pertinents en fonction de leurs centres d'intérêts et de leurs interactions passées. Ces suggestions peuvent inclure des Pages, des groupes, des

Chapitre 2 : La stratégie de contenu et la gestion des médias sociaux

événements, des comptes et du contenu que les utilisateurs ne suivent pas encore.

Les fonctionnalités de recommandation telles que « Les Pages que vous pourriez aimer », « Suggestions pour vous dans le fil », « Vous connaissez peut-être... » et les suggestions de groupes aident les utilisateurs à découvrir du contenu et des communautés qu'ils pourraient aimer mais qu'ils n'ont pas encore découverts par eux-mêmes.

Cependant, il est important de noter que toutes les entités n'ont pas un accès égal aux fonctionnalités d'interaction et certaines peuvent ne pas être aussi largement recommandées que d'autres. Facebook s'efforce de fournir des recommandations pertinentes et utiles à tous les utilisateurs tout en respectant leur vie privée et leur préférence de contrôle sur leur expérience de Facebook.

Les fonctionnalités de suggestion de Facebook sont une véritable aubaine pour les Community Managers, offrant de multiples avantages tels que :

Gagner de nouveaux followers : Les suggestions Facebook peuvent permettre aux Community Managers de trouver de nouveaux abonnés en proposant des pages et des personnes ayant des centres d'intérêt similaires à ceux de leur communauté cible, augmentant ainsi l'engagement et la portée de la page.

Identifier les influenceurs : Les suggestions Facebook peuvent permettre aux Community Managers d'identifier des influenceurs pertinents en proposant des personnes

Chapitre 2 : La stratégie de contenu et la gestion des médias sociaux

qui ont une grande influence dans leur domaine d'activité, facilitant ainsi l'établissement de partenariats pour la promotion de la page ou des produits de l'entreprise.

Découvrir du contenu pertinent : Les suggestions Facebook peuvent également aider les Community Managers à découvrir du contenu pertinent à partager sur leur page en proposant des pages et des personnes ayant des centres d'intérêt similaires à ceux de leur communauté cible, maintenant ainsi un flux constant de contenu frais et intéressant pour la communauté.

Afin de bénéficier des avantages des recommandations Facebook, il est essentiel de s'assurer que votre page est exempte de toute violation des règles établies. Il est également recommandé de procéder à l'activation de la fonction de recommandation en suivant les étapes suivantes sur votre ordinateur :

- Se connecter à votre page Facebook
- Accéder aux paramètres de celle-ci
- Cliquer sur la fonctionnalité **Nouvelle version des pages**
- Sélectionnez l'option **Recommandation de Page**. Vous alors serez redirigé vers une interface présentant une apparence similaire à celle présentée dans la capture d'écran suivante :

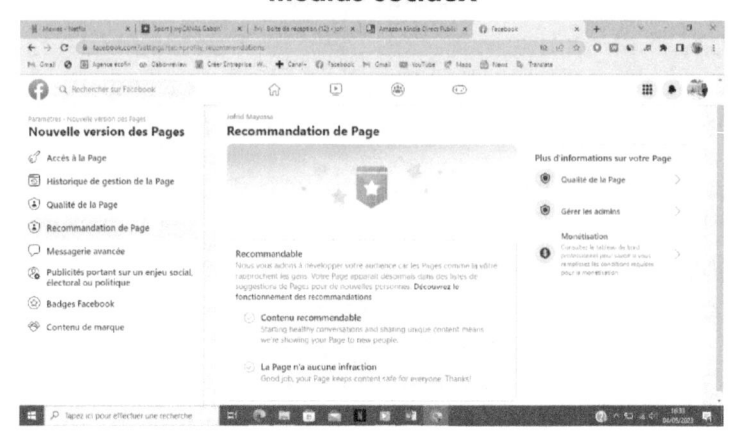

Chapitre 2 : La stratégie de contenu et la gestion des médias sociaux

- ✓ **Optez pour un contenu visuel privilégié par l'algorithme de Facebook.**

Le contenu visuel est préféré au contenu textuel sur Facebook, en particulier les vidéos qui génèrent davantage d'engagement. Pour maximiser leur impact, il est recommandé de les publier en natif, c'est-à-dire directement sur Facebook plutôt que de les partager via un lien externe (comme YouTube). Les vidéos en direct ont une portée organique encore plus importante que les autres formats de publication, avec une moyenne de 10 fois plus de commentaires selon Facebook.

- ✓ **Incitez vos abonnés à partager vos publications**

Lorsque vous créez une page, vos amis devraient être les premiers à s'abonner. Envoyez-leur une invitation et une fois qu'elle est acceptée, demandez-leur de partager vos publications sur leurs propres comptes personnels.

Chapitre 2 : La stratégie de contenu et la gestion des médias sociaux

✓ **Optimisez votre calendrier de publication en fonction de l'activité de vos abonnés**

Publiez lorsque vos abonnés sont le plus actifs sur Facebook. Des outils de gestion de compte peuvent vous aider à identifier les moments les plus favorables pour publier.

✓ **Produisez un contenu de qualité tout variant vos publications**

Dans un contexte compétitif, il est primordial de se démarquer de ses concurrents. Pour se différencier, la qualité de vos publications joue un rôle crucial. Vous devez proposer un contenu attractif et instructif, tout en conservant une identité visuelle cohérente.

Afin de maintenir l'engagement de votre public, il est important de varier régulièrement les formats de vos publications, tels que des textes, vidéos, GIF, carrousels, infographies, photos et collections.

✓ **Commentez des contenus populaires**

D'après Facebook, commenter des publications populaires peut favoriser l'élargissement de votre audience, car en intervenant dans des discussions populaires, vous augmentez vos chances d'être vu par un public plus large.

Cette stratégie peut vous offrir d'autres avantages, notamment :

Chapitre 2 : La stratégie de contenu et la gestion des médias sociaux

Créer des connexions : en commentant des publications populaires, vous pouvez établir des liens avec des personnes partageant les mêmes centres d'intérêt que vous, ce qui peut conduire à des conversations, des collaborations ou même des amitiés ;

Montrer votre expertise : si vous êtes en mesure de fournir des informations utiles ou une opinion éclairée sur un sujet populaire, vous pouvez démontrer votre expertise et établir votre crédibilité en tant qu'expert dans votre domaine ;

Gagner de la reconnaissance : si vos commentaires sont appréciés et suscitent de nombreux likes et réponses, vous pouvez être considéré comme une voix importante dans votre communauté en ligne.

Interagir avec des publications populaires peut donc être une stratégie efficace pour améliorer votre présence en ligne et renforcer votre audience sur Facebook. Toutefois, il est essentiel de veiller à ce que vos commentaires soient pertinents, constructifs et respectueux afin d'éviter de nuire à votre réputation en ligne.

✓ **Créez un groupe Facebook**

Créer un groupe sur Facebook revient à créer une communauté en ligne qui se concentre sur un intérêt commun. Les groupes peuvent être publics, privés ou secrets et peuvent être créés par n'importe quel utilisateur de la plateforme.

Chapitre 2 : La stratégie de contenu et la gestion des médias sociaux

Les publications partagées au sein des groupes ont une meilleure visibilité dans le fil d'actualité de Facebook. Si vous êtes l'administrateur du groupe, vous pouvez augmenter la portée de votre publication en utilisant le tag @toutlemonde en commentaire de la publication. Cela enverra une notification de mention à tous les membres du groupe.

Pour créer un groupe Facebook, suivez les instructions suivantes :

1. Connectez-vous à votre compte Facebook
2. Cliquez sur l'onglet « Groupes » dans la colonne de gauche de votre fil d'actualité
3. Cliquez sur le bouton « Créer un nouveau groupe »
4. Sélectionnez le type de groupe que vous souhaitez créer (public, privé ou secret)
5. Donnez un nom à votre groupe et invitez des membres si vous le souhaitez
6. Choisissez une photo de profil pour votre groupe
7. Personnalisez les paramètres de votre groupe en fonction de vos préférences (par exemple, les paramètres de confidentialité, les paramètres d'approbation des membres, les paramètres de publication, etc.)
8. Cliquez sur le bouton « Créer » pour créer votre groupe

Une fois votre groupe créé, vous pouvez commencer à publier du contenu, à interagir avec vos membres et à

Chapitre 2 : La stratégie de contenu et la gestion des médias sociaux

développer votre communauté afin d'atteindre vos objectifs.

Il est essentiel de noter que sur Facebook, tout comme sur les pages et les profils, il est possible de publier dans les groupes lorsque les membres sont en ligne. Grâce à l'application Messenger, il est facile de savoir combien de membres sont actuellement en ligne.

Cela peut être particulièrement bénéfique pour les publications qui nécessitent une interaction en temps réel. En surveillant les périodes où un grand nombre de membres sont en ligne, les Community Managers peuvent planifier leurs publications pour maximiser l'engagement et l'impact.

Pour vérifier cela, il suffit d'ouvrir l'application Messenger sur votre smartphone, de cliquer sur les trois lignes horizontales en haut à gauche de l'écran, puis de sélectionner « **Communautés** » comme vous pouvez le constater dans la capture d'écran ci-dessus.

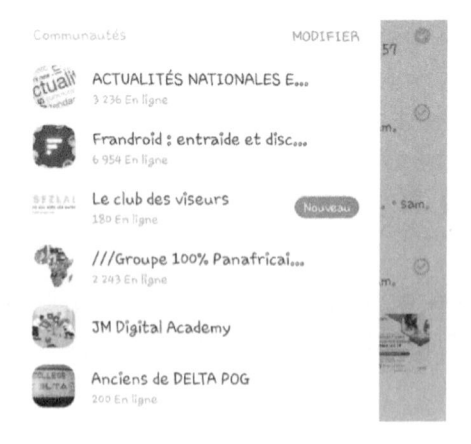

Chapitre 2 : La stratégie de contenu et la gestion des médias sociaux

a) Le Community Manager Intelligent doit avoir des notions en Facebook Ads

Comme vous le savez probablement, Facebook est le réseau social le plus populaire au monde, avec près de 3 milliards d'utilisateurs actifs chaque mois. Ce qui avait commencé comme une plateforme d'échange d'informations est devenu un outil incontournable pour les marques cherchant à toucher un public plus large. Cependant, atteindre ce grand nombre de clients potentiels par une simple portée organique est souvent insuffisant, c'est pourquoi Facebook a développé une plateforme publicitaire pour aider les entreprises à atteindre leurs objectifs marketing.

En 2021, plus de 1,6 milliard de personnes à travers le monde ont interagi avec une entreprise via Facebook. Pour toucher encore plus de monde, il est important de considérer l'utilisation de campagnes publicitaires Facebook Ads dans votre stratégie marketing. Définir un budget publicitaire est crucial, même pour les entreprises les plus connues comme Coca-Cola.

Le gestionnaire de publicités de Facebook vous offre des statistiques et des analyses précises sur votre cible publique. Vous pouvez cibler votre audience selon sa géolocalisation, ses comportements, ses caractéristiques démographiques, ses intérêts, son âge et même ses relations.

Il vous permet de diffuser des publicités sur Facebook, Messenger, Instagram et l'Audience Network. Il vous aide

Chapitre 2 : La stratégie de contenu et la gestion des médias sociaux

également à gérer vos campagnes publicitaires, à configurer et à gérer vos budgets, à améliorer vos performances grâce à du contenu dynamique, à tester l'efficacité de vos publicités et à obtenir des statistiques en temps réel pour atteindre vos objectifs marketing.

Glossaire publicitaire non exhaustive

ACRONYME	TERME	DÉFINITION
	Audience	Option de ciblage publicitaire par défaut en fonction des critères démographiques, géographiques et d'intérêt.
AN	Audience Network	Réseau d'éditeurs d'applications mobiles agréés par Facebook pour diffuser des publicités.
	Audience personnalisée	Fonction publicitaire pour trouver des audiences existantes sur Facebook.
	Audience similaire	Création de groupe de personnes similaires à une audience existante pour un meilleur ciblage publicitaire.
	Audience similaire basée sur la valeur	Le groupe de personnes qui ressemblent le plus à vos clients les plus précieux.

Chapitre 2 : La stratégie de contenu et la gestion des médias sociaux

	Audiences similaires internationales	Les audiences similaires internationales sont des groupes de personnes similaires à une audience existante, qui s'étendent au-delà des frontières nationales.
	Business Manager	Business Manager permet à plusieurs personnes de gérer des Pages, des comptes publicitaires et des applications en utilisant leur propre identifiant Facebook, tout en maintenant une séparation avec leur profil personnel et leurs ressources professionnelles.
CTA	**Call-to-action**	Une stratégie publicitaire qui vise à inciter l'individu à effectuer une action spécifique.
	Campagne	Série d'annonces développées autour d'un même thème et attributs, diffusées par une plateforme publicitaire auprès d'un public cible spécifique
	Carrousel (format publicitaire)	Le carrousel publicitaire est un contenu promotionnel qui affiche plusieurs images ou vidéos que l'utilisateur peut faire défiler de gauche à droite.

Chapitre 2 : La stratégie de contenu et la gestion des médias sociaux

	Catalogue	Le catalogue professionnel est un outil utilisé par les entreprises pour stocker et gérer les produits ou services qu'elles souhaitent promouvoir sur les plateformes Facebook.
	Chemin de conversion	Dans l'interface d'attribution de Facebook, le chemin de conversion représente la séquence des points de contact qui ont conduit à une conversion unique.
	Ciblage	Le ciblage publicitaire désigne le processus de définition d'une audience spécifique pour vos publicités.
	Collection (format publicitaire)	Ensemble d'articles promotionnels qui peuvent être organisés et classés.
	Contenu dynamique	**Le contenu dynamique consiste à fournir à Facebook vos éléments créatifs publicitaires pour qu'ils soient automatiquement associés à la bonne audience.**
CPA	**Coût par action**	Le coût par action représente le coût engagé pour chaque action effectuée via une publicité, également appelé

76

Chapitre 2 : La stratégie de contenu et la gestion des médias sociaux

		coût par acquisition.
CPC	**Coût par clic**	Le coût de chaque clic sur une publicité.
CPM	**Coût pour mille impressions**	Le coût pour mille correspond au coût moyen pour 1 000 impressions d'une publicité sur une plateforme publicitaire ou aux revenus obtenus pour 1 000 impressions d'une publicité sur des sites web ou des applications.
	Diaporama (format publicitaire)	Il s'agit d'un diaporama vidéo, qui est généralement créé en utilisant des images fixes ou des vidéos et peut inclure une bande musicale pour accompagner le contenu visuel.
	Enchère	Le prix du résultat pour lequel vous optimisez.
	Enchère (type d'achat)	Un type d'achat de publicités dans le cadre duquel vous décidez de participer à des enchères.
	Enchère d'annonceur	Le montant que vous avez enchéri dans des enchères.

Chapitre 2 : La stratégie de contenu et la gestion des médias sociaux

	Enchères	Les enchères sont un élément clé de la diffusion des publicités, permettant aux annonceurs de fixer le prix maximum qu'ils sont prêts à payer pour un clic, une impression ou une conversion.
	Format publicitaire	La structure d'une publicité déterminant son apparence et le nombre d'éléments visuels tels que les images ou les vidéos qu'elle contient.
	Gestionnaire de publicités	Le Gestionnaire de publicités est une interface permettant de créer et de modifier toutes les campagnes, ensembles de publicités et publicités, etc.
KPI	**Indicateur de performance clé**	Un KPI ou indicateur de performance clé est une métrique utilisée pour mesurer le succès d'une campagne ou d'une publicité.
	Lassitude	La lassitude se produit lorsque la performance de votre publicité diminue à cause d'une exposition répétée.
	Modèles de publicités de stories	Les modèles de publicités de Stories sont des outils qui permettent de transformer facilement des images en

78

Chapitre 2 : La stratégie de contenu et la gestion des médias sociaux

		publicités pour les Stories Facebook, Instagram et Messenger
	Objectif de campagne	Au sein du système publicitaire de Facebook, l'objectif de campagne constitue le premier niveau, qui permet de définir les objectifs de la campagne, et qui englobe les ensembles de publicités et les publicités.
	Optimisation linguistique dynamique	L'optimisation linguistique dynamique consiste à créer plusieurs ensembles de publicités pour chaque langue, permettant ainsi l'application d'un ciblage séparé par langue si vous faites ensuite de la publicité sur plusieurs marchés ou sur un même marché comprenant plusieurs langues.
FMP	**Partenaire marketing Facebook**	Un partenaire marketing de Facebook est une entreprise externe qui utilise l'API Ads de Facebook pour créer et personnaliser ses propres outils pour la gestion de publicités sur la plateforme.
	Phase d'apprentissage	La phase d'apprentissage désignée, dans le Gestionnaire de publicités de

Chapitre 2 : La stratégie de contenu et la gestion des médias sociaux

	Facebook, une période durant laquelle le système de diffusion collecte des données pour améliorer l'optimisation de la diffusion des publicités. Il s'agit ici de l'apprentissage automatique du système, et non de votre propre apprentissage.
Pixel Facebook	Le pixel Facebook correspond à une section de code à insérer sur votre site web afin de détecter les différentes actions qui y sont effectuées.
Placement	Une option de diffusion publicitaire qui vous permet de sélectionner les endroits où votre publicité peut apparaître, tels que le fil d'actualité, les Stories Instagram ou la boîte de réception Messenger. Ce choix est appelé placement.
Placements automatiques	Les placements automatiques sont une option disponible lors de l'importation de votre contenu publicitaire dans le Gestionnaire de publicités de Facebook. Cette option permet à Facebook de diffuser automatiquement

Chapitre 2 : La stratégie de contenu et la gestion des médias sociaux

	votre publicité sur la plateforme la plus efficace, en fonction de l'objectif de votre campagne et du comportement de votre audience.
Plates-formes Facebook	Les plates-formes Facebook sont des applications et des sites web populaires tels que Facebook, Instagram, Messenger, WhatsApp et l'Audience Network, qui permettent aux individus de se connecter avec leurs amis, d'explorer de nouveaux centres d'intérêt et de partager leurs expériences. Les entreprises peuvent profiter de ces plates-formes pour atteindre les personnes les plus pertinentes pour leur entreprise en interagissant avec elles de manière organique ou en utilisant des publicités payantes.
Publicité	Une publicité est un type de contenu utilisé pour promouvoir un produit, un service ou une entreprise.
Publicité à formulaire	Une publicité qui permet aux individus de partager des informations personnelles avec l'annonceur via un

Chapitre 2 : La stratégie de contenu et la gestion des médias sociaux

	formulaire de contact, tel que leur adresse e-mail ou leur numéro de téléphone, en échange de promotions ou d'abonnements à une newsletter.
Publicité à la performance	La publicité à la performance est conçue pour inciter l'audience à effectuer une action spécifique immédiatement, souvent liée à des activités de commerce électronique telles que l'achat d'un produit, l'inscription à un service, ou l'installation d'une application mobile.
Publicité dynamique	La publicité dynamique est un format publicitaire qui peut présenter différents produits à un même public cible en sélectionnant le produit le plus adapté à chaque individu de l'audience.
Publicité jouable	La publicité jouable est un format publicitaire vidéo interactif qui permet à l'audience de voir un aperçu ou une démonstration de votre application mobile, produit ou marque.
Publicité pour une offre	Une publicité qui vous permet de proposer des offres promotionnelles à vos clients.

Chapitre 2 : La stratégie de contenu et la gestion des médias sociaux

Publicité sondage	Une publicité qui inclut des questions et des options de réponse pour interagir avec l'audience.
Publicités dynamiques pour les audiences larges	Les publicités dynamiques pour les audiences larges sont conçues pour vous aider à toucher un public plus large plutôt que de vous concentrer sur les personnes ayant déjà interagi avec votre site web en visitant, consultant ou achetant des produits. Ces publicités s'adaptent dynamiquement à l'intérêt de l'utilisateur, à son comportement et à ses préférences pour attirer de nouveaux clients potentiels.
Rapport de publicités	Un rapport disponible dans le Gestionnaire de publicités qui permet de suivre et d'analyser les performances d'un ensemble de publicités.
Reciblage	Le reciblage est une stratégie publicitaire visant à relancer l'intérêt des personnes qui ont déjà interagi avec votre marque, effectué une action sur votre site web ou dans votre application, ou rencontré votre entreprise en personne.

Chapitre 2 : La stratégie de contenu et la gestion des médias sociaux

	Règles publicitaires de Facebook	Les règles publicitaires de Facebook constituent un ensemble de directives obligatoires que vous devez suivre pour que votre publicité soit autorisée à être diffusée sur la plateforme.
ROI	**Retour sur investissement**	Il s'agit d'un indicateur qui mesure la rentabilité d'une campagne publicitaire en comparant le bénéfice net de l'investissement à son coût. Il permet d'évaluer l'efficacité d'une campagne publicitaire. Un ROI élevé indique que les gains de l'investissement sont supérieurs à son coût.
	SDK Facebook	Le SDK Facebook est un ensemble de codes intégré dans votre application permettant de suivre les événements qui se produisent dans l'application.
	Source de données	Une source de données est un outil ou une connexion qui collecte des informations, telles que le pixel Facebook, le SDK Facebook ou les conversions hors ligne, pour être utilisées dans des analyses et des mesures.

Chapitre 2 : La stratégie de contenu et la gestion des médias sociaux

	Suivi tiers	Le suivi tiers se réfère à l'utilisation d'outils de suivi personnalisés développés par des entreprises externes à Facebook, qui peuvent être utilisés conjointement avec le pixel Facebook.
CTR	Taux de clic	Le taux de clics est un indicateur qui mesure le nombre de clics réalisés sur un objectif publicitaire.
	Test A/B	Le test A/B compare deux versions d'une publicité ou d'un élément de campagne pour déterminer la plus performante.
	Testez et apprenez	Testez et apprenez est une fonctionnalité du Gestionnaire de publicités de Facebook qui vous permet de mener des tests sur vos annonces publicitaires et d'en tirer des enseignements à partir des résultats obtenus.
	Type d'achat	Le type d'achat désigne les choix que vous faites dans le Gestionnaire de publicités pour définir la méthode de paiement, de ciblage et de mesure de vos publicités dans le cadre de votre campagne.

Chapitre 2 : La stratégie de contenu et la gestion des médias sociaux

Les étapes clés pour créer une publicité Facebook performante

Étape 1 : choisissez votre objectif de campagne

Ce que Facebook appelle « Campagne » à ce niveau est un ensemble de onze (11) objectifs répartis en trois groupes :

> ➢ **Notoriété**

Elle permet de vous faire connaître et de toucher le plus de monde possible. Le but de la « Notoriété » est de sensibiliser votre public cible à votre marque et au (s) problème (s) que votre entreprise résout. En outre, il faut savoir que les objectifs de cette catégorie ne sont pas commerciaux. Cependant, cela ne vous empêche pas de convaincre quelques prospects au moment de leur utilisation. Cette catégorie compte deux objectifs de campagne.

> ➢ **Considération**

La « Considération » permet de faire du remarketing des personnes ayant interagi avec votre publication lors de la phase de sensibilisation. Elle compte six (6) objectifs de campagne.

> ➢ **Conversion**

Dans ce groupe, votre objectif est d'atteindre les personnes qui ont interagi avec votre publication lors des

Chapitre 2 : La stratégie de contenu et la gestion des médias sociaux

deux premières phases. On y trouve trois (3) objectifs de campagne décisifs.

Les 11 objectifs de campagne de Facebook sont :

1. **Notoriété**

   ✓ Notoriété de la marque
   ✓ Couverture

2. **Considération**

   ✓ Trafic
   ✓ Interactions
   ✓ Installations d'applications
   ✓ Vues de vidéos
   ✓ Génération de prospects
   ✓ Messages

3. **Conversion**

   ✓ Conversions
   ✓ Vente en catalogue
   ✓ Trafic en point de vente

Étape 2 : Donnez un nom à votre campagne, ajustez votre budget, déterminez votre pays, devise…

Après avoir choisi votre objectif marketing, donnez un nom à votre campagne pour une meilleure mémorisation.

Ajustez votre budget de campagne

Facebook offre le choix entre un budget quotidien et un budget global. Le budget quotidien correspond à la somme dépensée chaque jour pour votre publicité. Par exemple, pour une campagne de 7 jours avec un budget quotidien de 30 $ US, vous dépenserez un total de 210 $ US.

30 $ US x 7 jours = 210 $ US

Chapitre 2 : La stratégie de contenu et la gestion des médias sociaux

Si vous optez pour un budget global et allouez 150 $ US pour 7 jours, Facebook répartira le budget quotidien en fonction des performances de votre campagne chaque jour. Il est important de choisir le type de budget qui vous convient le mieux. Toutefois, il est recommandé d'opter pour un budget global pour une optimisation optimale de votre budget.

Sélectionnez votre pays, votre devise et votre fuseau horaire

Ceci est la dernière étape avant de configurer les « Ad Sets » c'est-à-dire les ensembles de publicités. Une fois que vous avez défini votre pays, votre devise et votre fuseau horaire, vous êtes prêt à continuer.

Étape 3 : Les ensembles de publicités

Les ensembles de publicités, appelés « Ad Sets » en anglais, constituent l'étape suivante dans la création de votre campagne publicitaire. Vous pouvez y définir le calendrier de diffusion, cibler une audience précise en utilisant des paramètres géographiques et des événements de conversion, choisir les placements, et bien plus encore. Il est possible de créer plusieurs Ad Sets pour une même campagne afin d'optimiser votre stratégie de publicité.

Qu'est-ce que Facebook appelle un lieu de conversion ?

Le lieu de conversion correspond à l'endroit où le résultat commercial attendu se produira. En fonction du lieu de

Chapitre 2 : La stratégie de contenu et la gestion des médias sociaux

conversion sélectionné, vous pouvez ensuite choisir un événement de conversion. L'événement de conversion que vous choisissez indique l'action que vous attendez de votre audience.

Qu'est-ce que Facebook appelle le budget ?

Le budget correspond au montant que vous payez à Facebook pour qu'il diffuse votre publicité à ses utilisateurs.

Qu'est-ce que Facebook appelle le calendrier ?

Le calendrier correspond à la planification de diffusion de votre publicité d'une part, et à l'optimisation pour une diffusion efficace d'autre part.

Qu'est-ce que Facebook appelle les enchères ?

Les enchères de Facebook désignent le montant que vous êtes disposé à payer pour atteindre vos objectifs marketing auprès de votre audience cible. Elles vous permettent de mesurer les résultats commerciaux importants tels que les ventes totales, le nombre de clients ou la reconnaissance de la marque. Pour établir la stratégie de campagne la plus efficace, il est crucial de commencer par identifier votre objectif général et votre indicateur clé de performance (KPI).

Facebook vous propose trois types d'enchères

- ➢ Les enchères basées sur les dépenses, où vous pouvez dépenser l'intégralité de votre budget et

Chapitre 2 : La stratégie de contenu et la gestion des médias sociaux

obtenir les meilleurs résultats ou la plus grande valeur potentielle.

> Les enchères basées sur l'objectif, où vous pouvez définir le coût ou la valeur souhaité.

> Les enchères manuelles, où vous pouvez contrôler manuellement le montant à allouer aux enchères publicitaires.

Qu'est-ce que le placement dans Facebook Ads ?

Le placement vous permet de choisir sur quelles plateformes vous souhaitez faire afficher vos annonces (Facebook, Messenger, Instagram et Audience Network). Le gestionnaire vous donne deux options :

> **Placement automatique :** Meta se charge d'optimiser les emplacements de vos annonces en privilégiant les plateformes qui vous donneront le plus de conversions au coût le plus bas ;

> **Placement manuel :** vous définissez vous-même les emplacements en sélectionnant les « lieux » sur lesquels vous souhaitez afficher vos annonces.

Note : Il est recommandé de privilégier le placement automatique sur Facebook Ads si vous êtes débutant pour plusieurs raisons. Premièrement, cela permet de gagner du temps en évitant de devoir sélectionner manuellement les placements publicitaires. Secundo, cela permet de maximiser la portée de votre annonce en permettant à

Chapitre 2 : La stratégie de contenu et la gestion des médias sociaux

Facebook de décider du meilleur emplacement en fonction de l'objectif marketing que vous avez choisi.

En choisissant le placement automatique, Facebook Ads utilise des algorithmes pour optimiser la diffusion de votre annonce en fonction des données de performance des différents placements publicitaires. Cela permet de maximiser l'efficacité de votre campagne publicitaire et de réduire le risque de dépenser de l'argent sur des placements qui ne convertissent pas.

De plus, si vous êtes débutant sur Facebook Ads, il est important de se concentrer sur l'optimisation du contenu de votre annonce et sur la compréhension de votre audience plutôt que sur la sélection manuelle des placements publicitaires. En choisissant le placement automatique, vous pouvez vous concentrer sur ces aspects cruciaux de votre campagne publicitaire tout en étant assuré que Facebook optimise la diffusion de votre annonce pour obtenir les meilleurs résultats possibles.

Étape 4 : la publicité

La publication de l'annonce est la dernière étape cruciale. En anglais, « Ad » signifie publicité, et désigne ce que les utilisateurs voient sur les différents emplacements de Facebook, Messenger, Instagram et Audience Network. C'est à ce stade que vous devez soigneusement rédiger le titre et le texte de votre annonce, sélectionner des éléments créatifs pertinents, ajouter un lien de redirection et éventuellement inclure un élément d'urgence pour inciter les utilisateurs à agir.

Chapitre 2 : La stratégie de contenu et la gestion des médias sociaux

Ajoutez un ou des éléments créatifs

Favorisez l'utilisation d'un visuel ou d'une vidéo de qualité supérieure (Facebook recommande l'utilisation de vidéos courtes).

N'oubliez pas le CTA

Au moment de la configuration d'une publicité sur Facebook, vous pouvez trouver plusieurs appels à l'action (CTA, ou call-to-action) parmi lesquels choisir en fonction de votre objectif marketing.

Voici quelques exemples de CTA courants que vous pourriez trouver :

- ✓ **Télécharger :** pour inciter les utilisateurs à télécharger une application ou un contenu spécifique.

- ✓ **Acheter maintenant :** pour encourager les utilisateurs à effectuer un achat immédiatement.

- ✓ **Réserver maintenant :** pour encourager les utilisateurs à réserver un rendez-vous, une table dans un restaurant, etc.

- ✓ **S'inscrire :** pour inciter les utilisateurs à s'inscrire à un service ou à une newsletter.

Chapitre 2 : La stratégie de contenu et la gestion des médias sociaux

- ✓ **En savoir plus :** pour encourager les utilisateurs à en savoir plus sur votre entreprise, votre produit ou votre service.

- ✓ **Contacter maintenant :** pour inciter les utilisateurs à contacter votre entreprise par téléphone ou par e-mail.

- ✓ **Obtenir un devis :** pour encourager les utilisateurs à demander un devis pour un produit ou un service.

Afin de maximiser les résultats de votre campagne publicitaire, il est crucial de sélectionner le CTA adapté en fonction de l'objectif de votre annonce et de votre audience visée.

Ajoutez un titre et le texte de publication

Pour réussir à vendre un produit, il est important d'attirer l'attention de l'audience dès le départ. C'est pourquoi il est important de savoir comment rédiger un titre accrocheur qui suscite l'intérêt. Pour éviter de rebuter l'audience, il est recommandé de ne pas mentionner immédiatement le prix sans donner de détails sur le produit.

Si vous êtes par exemple Community Manager d'une marque de produits cosmétiques à base d'ingrédients naturels, n'hésitez pas à mentionner ces derniers et à énumérer les problèmes de peau ou de cheveux qu'ils peuvent résoudre.

Chapitre 2 : La stratégie de contenu et la gestion des médias sociaux

Effectuez le même exercice pour les autres secteurs dans lesquels vous travaillez, ainsi que sur toutes les plateformes sociales où la marque pour laquelle vous travaillez est présente.

Le Community Manager Intelligent doit avoir des notions en copywriting

Le copywriting est considéré par les professionnels du secteur comme l'art de la vente à travers les mots. Il implique la capacité de convaincre, de persuader et d'influencer une personne afin de promouvoir un produit, un service, une entreprise, une opinion ou une idée. Cela nécessite la maîtrise des techniques d'écriture pour attirer l'attention et susciter l'intérêt des gens en vue de les inciter à prendre une action, telle que passer une commande. Cependant, si l'objectif est de promouvoir un programme politique, on parle alors de propagande.

Comment structurer votre copywriting grâce à la formule AIDA ?

La formule AIDA, souvent utilisée dans le marketing digital, représente un processus en quatre étapes qui guident un prospect vers une décision d'achat d'un produit ou service. Cette formule comporte les étapes suivantes : Attention, Intérêt, Désir et Action. Elle peut également être utilisée pour inciter un prospect à s'inscrire à votre newsletter ou à télécharger un e-book.

Attention : la première phase de cette approche est cruciale pour son efficacité. Dès les premières secondes,

Chapitre 2 : La stratégie de contenu et la gestion des médias sociaux

il est important de captiver l'attention de votre lecteur avec un titre accrocheur, une image respectant votre charte graphique et une promesse qui incitera à poursuivre la lecture.

Intérêt : attirer l'attention d'une personne est souvent plus facile que ce que l'on pense. Par exemple, en marchant dans un parc, un cri fort suffit à attirer votre attention. Cependant, pour susciter l'intérêt, il faut montrer à votre lecteur que vous vous souciez de lui, que vous avez une solution à ses problèmes et que vous êtes prêt à l'aider. Votre lecteur doit sentir au fond de lui qu'il a besoin de votre offre ou de votre solution, et par conséquent, il sera motivé à poursuivre la lecture, car quelque chose d'important l'attend.

En définitif, pour attirer l'attention et susciter l'intérêt, il est important de montrer à votre public que vous vous souciez de leurs besoins et que vous êtes en mesure de les aider.

Désir : si votre communauté se pose des questions telles que « est-ce que cela fonctionne réellement ? », « puis-je tirer parti de cette offre ? » ou « est-ce que cette solution convient à mes besoins ? », il est important de reconnaître que votre offre a suscité un certain désir chez lui. Ce genre de questions peut souvent indiquer un certain niveau d'intérêt et d'engagement, et peut donc être considéré comme une opportunité pour vous de le convaincre de poursuivre avec votre produit ou service.

Action : la dernière étape de votre offre est cruciale. Après avoir mis en avant les bénéfices, l'importance et les

Chapitre 2 : La stratégie de contenu et la gestion des médias sociaux

solutions qu'elle apporte, il est temps d'inciter votre prospect à agir. Soyez clair et proposez une offre limitée dans le temps pour stimuler une réaction.

Savoir écrire un texte convaincant qui amène le lecteur à passer à l'action est l'essence même de la vente réussie à travers des textes bien écrits et des publicités efficaces. Pour que votre client clique sur le bouton « call-to-action », il est important qu'il ait pris connaissance de toutes les informations présentes sur votre publicité.

3 exemples de formules de titres pour vos publicités

Les titres directs : utilisés dans le cas d'une offre promotionnelle.

Les titres comment : ils énoncent généralement un problème que votre public cherche à résoudre, et vous proposez une solution.

Les titres donnant un ordre : le titre utilisant un ordre doit commencer par un verbe d'action. Ainsi, vous allez droit au but et dites à votre public ce qu'il doit faire.

5 exemples de titres qui cartonnent

Ces titres peuvent être utilisés pour des articles de blog, des publicités ou des pages de vente pour promouvoir des produits ou services liés à la vente, au marketing numérique, à la perte de poids, à l'apprentissage d'une nouvelle langue, au développement de logiciels, à la formation, etc.

Chapitre 2 : La stratégie de contenu et la gestion des médias sociaux

Voici 5 exemples de titres qui cartonnent :

- ✓ Perdez du poids en seulement 10 jours grâce à notre méthode testée et approuvée
- ✓ Maîtrisez les fondamentaux du copywriting en seulement 72 heures
- ✓ Travaillez avec des influenceurs pour générer plus de revenus facilement
- ✓ Améliorez votre anglais en seulement 30 minutes par jour - garantie satisfaction ou remboursement
- ✓ Profitez de 15% de réduction sur notre catalogue de formations avant minuit

20 mots captivants pour parler d'argent

- ✓ Augmenter
- ✓ Banque
- ✓ Cash
- ✓ Ruiné
- ✓ Promotion
- ✓ Réduction
- ✓ Offert
- ✓ Finances
- ✓ Conversion
- ✓ Riche
- ✓ Gagner plus
- ✓ Économiser
- ✓ Fortune
- ✓ Investissement
- ✓ Prospère
- ✓ Profit
- ✓ Multiplier
- ✓ Revenus passifs
- ✓ Gagner plus
- ✓ Indépendance financière

Exemples

« Les erreurs à éviter quand on gère son argent »

Chapitre 2 : La stratégie de contenu et la gestion des médias sociaux

« De l'endettement à la liberté financière : comment sortir du gouffre ? »

3 mots captivants pour faire accepter le prix de votre offre

- ✓ Prix imbattable
- ✓ Offre exceptionnelle
- ✓ Satisfait ou remboursé

Exemples

« Ne cherchez plus, nous avons le prix imbattable que vous cherchez »

« Voici pourquoi notre offre exceptionnelle vaut chaque centime »

14 mots captivants pour apaiser et mettre votre lecteur en confiance

- ✓ Garantie
- ✓ Testé et approuvé
- ✓ Confort
- ✓ Expertise
- ✓ Remboursement
- ✓ Fans
- ✓ Authentique
- ✓ Certification
- ✓ Unique
- ✓ Adapté aux familles
- ✓ Communauté
- ✓ Accès à vie
- ✓ Satisfait
- ✓ Meilleures ventes

Exemples

Chapitre 2 : La stratégie de contenu et la gestion des médias sociaux

« S'accepter tel que l'on est : le premier pas vers la confiance en soi »

« Le pouvoir de la gratitude : comment être heureux en appréciant ce que l'on a »

11 mots captivants pour évoquer la nouveauté

- ✓ Nouveau
- ✓ Innovant
- ✓ Amélioré
- ✓ Originalité
- ✓ Exclusif
- ✓ Autrement
- ✓ Dernière invention
- ✓ Pionnier
- ✓ Inédit
- ✓ Jamais-vu
- ✓ Modernisé

Exemples

« Notre dernière invention : le produit dont vous n'avez jamais su que vous aviez besoin »

« Plus efficace que jamais : notre nouveau produit va révolutionner votre routine »

20 mots captivants pour susciter la peur

L'utilisation de mots qui suscitent la peur dans les titres et les textes peut être efficace pour attirer l'attention des lecteurs, car la peur est une émotion puissante qui peut stimuler l'intérêt et la curiosité. Cependant, il est important de faire preuve de prudence et de ne pas en faire trop, car cela pourrait faire fuir les lecteurs et nuire à la crédibilité de votre message. Il est donc conseillé de trouver un

Chapitre 2 : La stratégie de contenu et la gestion des médias sociaux

équilibre entre la stimulation de l'intérêt et le respect des lecteurs pour ne pas les effrayer.

Voici 20 mots captivants pour susciter la peur :

- ✓ Enlèvement
- ✓ Attention
- ✓ Invasion
- ✓ Alerte
- ✓ Licenciement
- ✓ Chômage
- ✓ Stress
- ✓ Poison
- ✓ Arnaque
- ✓ Drame
- ✓ Crise
- ✓ Pénurie
- ✓ Récession
- ✓ Tragédie
- ✓ Spectre
- ✓ Burn-out
- ✓ Attentat
- ✓ Contagion
- ✓ Panique
- ✓ Détresse

Exemples

« Spectre de licenciement massif à la mairie de Libreville »

« Enlèvements de mineurs à l'approche des échéances électorales »

Ajoutez une description du lien vers votre site web

Servez-vous de la description de votre lien pour renforcer considérablement la portée de votre message. Toutes les parties sont essentielles et exigent une attention particulière.

Ajoutez l'URL du lien

Chapitre 2 : La stratégie de contenu et la gestion des médias sociaux

Il s'agit essentiellement du lien de redirection vers votre site web.

N'oubliez pas d'inclure un CTA

Au moment de configurer une publicité sur Facebook, vous pouvez trouver plusieurs appels à l'action (CTA, ou call-to-action) parmi lesquels choisir en fonction de votre objectif marketing.

Voici quelques exemples de CTA courants que vous pourriez trouver :

- ➢ **Télécharger** : pour inciter les utilisateurs à télécharger une application ou un contenu spécifique.

- ➢ **Acheter maintenant** : pour encourager les utilisateurs à effectuer un achat immédiatement.

- ➢ **Réserver maintenant** : pour encourager les utilisateurs à réserver un rendez-vous, une table dans un restaurant, etc.

- ➢ **S'inscrire :** pour inciter les utilisateurs à s'inscrire à un service ou à une newsletter.

- ➢ **En savoir plus :** pour encourager les utilisateurs à en savoir plus sur votre entreprise, votre produit ou votre service.

Chapitre 2 : La stratégie de contenu et la gestion des médias sociaux

> **Contacter maintenant :** pour inciter les utilisateurs à contacter votre entreprise par téléphone ou par e-mail.

> **Obtenir un devis :** pour encourager les utilisateurs à demander un devis pour un produit ou un service.

Afin de maximiser les résultats de votre campagne publicitaire, il est crucial de sélectionner le CTA adapté en fonction de l'objectif de votre annonce et de votre audience visée.

Une fois tous les paramètres minutieusement configurés, vous pouvez publier votre annonce et attendre les résultats.

4. Instagram, le réseau de l'influence

Instagram est un réseau social appartenant au groupe Meta qui compte plus de 2 milliards d'utilisateurs actifs mensuels en 2022. Il est disponible sur les systèmes d'exploitation Android et iOS et se concentre sur le partage de photos et de vidéos. Depuis sa création en 2010, la plateforme a enregistré plus de 50 milliards de photos partagées et plus de 500 millions de stories créées chaque jour. En outre, elle compte plus de 4,2 milliards de likes quotidiens et plus de 100 millions de photos partagées chaque jour.

Les utilisateurs d'Instagram passent en moyenne plus de 53 minutes sur la plateforme. Le taux d'engagement moyen sur Instagram a fortement baissé. En 2022 il était estimé à 1,9% contre 0,65% en 2023.

Chapitre 2 : La stratégie de contenu et la gestion des médias sociaux

Selon une prévision datant d'octobre 2020, Instagram devrait compter près de 1,2 milliard d'utilisateurs dans le monde en 2023.

Instagram ne se limite pas à être un simple réseau social, c'est aussi un outil efficace pour renforcer les liens avec les clients. En effet, environ 90% des utilisateurs sont abonnés à au moins une page d'entreprise sur la plateforme.

Instagram a des objectifs spécifiques pour les marques. En effet, les marques peuvent y mettre en avant leur identité visuelle, promouvoir leurs produits, se rapprocher de leur communauté et faire du marketing d'influence. Ce réseau social est particulièrement populaire dans les secteurs de la mode, de l'alimentation et du tourisme, car ces marques peuvent y présenter leur esthétique et leur style de vie.

Concrètement, Instagram permet aux marques de présenter leur image de marque de manière visuelle. Elles peuvent publier des photos et des vidéos de haute qualité pour capturer l'essence de leur marque et de leurs produits. Les stories sont également un moyen d'interagir directement avec leur public et de montrer les coulisses de leur entreprise.

De plus, Instagram est un outil puissant pour le marketing d'influence, offrant aux marques la possibilité de collaborer avec des influenceurs pour toucher leur public cible et accroître leur visibilité. Les hashtags sont également un

Chapitre 2 : La stratégie de contenu et la gestion des médias sociaux

élément clé pour toucher de nouveaux publics et augmenter leur portée.

Instagram est une plateforme indispensable pour les marques qui cherchent à se connecter avec leur public cible, à mettre en avant leur image de marque et à promouvoir leurs produits ou services.

Augmenter l'engagement sur Instagram en 2023 : 5 stratégies efficaces pour influencer l'algorithme

L'algorithme Instagram est un système sophistiqué de règles établies par les développeurs de la plateforme pour classer et organiser le contenu publié dans le fil d'actualité des utilisateurs. Cette méthode de tri et de sélection permet aux utilisateurs de voir le contenu le plus pertinent pour eux en fonction de leurs préférences et de leur comportement sur la plateforme.

Ainsi donc, voici 5 stratégies efficaces pour augmenter l'engagement de vos posts sur Instagram :

1. Favorisez les Reels

Privilégier les Reels est essentiel pour optimiser sa présence sur Instagram en 2023. Ce format de publication reste le plus performant sur la plateforme, grâce à l'algorithme qui leur accorde une place de choix dans le fil d'actualité des utilisateurs. Les Reels sont en effet considérés comme divertissants et incitent les utilisateurs à rester plus longtemps sur la plateforme durant leurs sessions. Ainsi, pour profiter pleinement de l'algorithme

Chapitre 2 : La stratégie de contenu et la gestion des médias sociaux

Instagram, il est nécessaire de produire régulièrement des Reels.

2. Améliorez l'engagement de votre contenu

Lorsque votre contenu reçoit de l'engagement (sous forme de likes, de partages, de commentaires, etc.), l'algorithme d'Instagram considère qu'il est apprécié par le public et décide de le montrer à un plus grand nombre d'utilisateurs. En revanche, si votre publication ne suscite que peu d'intérêt de la part des utilisateurs, sa portée sera réduite, diminuant ainsi davantage sa probabilité d'obtenir de l'engagement.

Pour optimiser la performance de votre contenu sur Instagram, il est conseillé de créer du contenu qui incite l'engagement, en le rendant divertissant, inspirant ou éducatif pour captiver l'attention de votre audience et encourager leur interaction.

3. Utilisez les hashtags pour stimuler l'engagement

En utilisant des hashtags sur vos publications Instagram, vous permettez à l'algorithme de comprendre le sujet de votre contenu et de le diffuser auprès d'un public cible approprié. De cette façon, les utilisateurs qui voient votre contenu auront plus de chance de s'engager avec lui, ce qui sera pris en compte positivement par l'algorithme Instagram.

Chapitre 2 : La stratégie de contenu et la gestion des médias sociaux

Pour maximiser votre portée sur la plateforme, il est recommandé d'utiliser environ six hashtags pertinents sur chaque publication Instagram.

4. Publiez aux bons moments

Pour optimiser votre engagement et profiter de l'algorithme d'Instagram, il est conseillé de planifier la publication de votre contenu aux moments où les utilisateurs sont les plus actifs sur la plateforme.

Selon le rapport de HubSpot et Mention de 2022, les jours les plus propices pour publier sur Instagram sont le mercredi et le dimanche. Cette conclusion repose sur les stratégies marketing en B2B qui ont tendance à générer plus d'engagement en semaine, lorsque l'audience est au travail (ou lors des heures d'arrivée/départ au bureau).

En revanche, pour le B2C, l'engagement est plus important le week-end, lorsque l'audience a plus de temps libre. En général, le vendredi serait la journée idéale pour tous les types d'utilisateurs.

S'agissant des horaires, d'après CoSchedule, les heures de publication idéales pour Instagram varient en fonction de chaque secteur d'activité. Les sociétés de médias ont observé un meilleur taux d'engagement en publiant à 9h, 12h et 15h, tandis que les restaurateurs ont obtenu les meilleurs résultats à 11h et 18h. Les éditeurs de logiciels ont quant à eux obtenu des résultats optimaux en publiant à 11h, 13h et 17h.

Chapitre 2 : La stratégie de contenu et la gestion des médias sociaux

En moyenne, la plage horaire la plus efficace pour publier sur Instagram est de 9h à 11h. Cependant, il est important de noter que l'heure de publication idéale ne remplace pas la qualité du contenu. Le contenu doit répondre aux attentes des utilisateurs pour susciter leur engagement, même s'il est publié au meilleur moment.

5. Publiez fréquemment

Publier régulièrement sur Instagram est bénéfique pour votre communauté et pour signaler votre implication dans la création de contenu à l'algorithme. Toutefois, il faut veiller à ne pas publier trop souvent pour éviter de lasser votre public et réduire votre taux d'engagement. Pour maintenir un bon équilibre, il est conseillé de publier entre quatre et cinq fois par semaine, en fonction du type de contenu que vous partagez.

Les éléments qui déterminent l'ordre des publications sur Instagram en 2023.

1. Intérêt

Instagram utilise les comportements passés des utilisateurs pour prédire leur niveau d'intérêt, ce qui a un impact sur la visibilité des publications dans leur flux d'activité.

Les publications qui plaisent aux utilisateurs sont sélectionnées en fonction de leur interaction passée avec des contenus similaires, qu'ils soient créés par des amis ou des inconnus.

Chapitre 2 : La stratégie de contenu et la gestion des médias sociaux

Instagram analyse les actions telles que les likes, les commentaires, les partages et les sauvegardes pour proposer davantage de contenus pertinents et intéressants à chaque utilisateur.

2. Contenu récent

Le classement des publications dans le fil d'actualités des utilisateurs est influencé par la date de publication. Les publications les plus récentes sont favorisées par l'algorithme Instagram plutôt que les publications plus anciennes. Cependant, si votre publication ne génère pas un engagement élevé dans les premières heures suivant sa publication, elle aura moins de visibilité auprès des autres utilisateurs.

Pour maximiser la visibilité, il est important de publier du contenu aux heures où votre audience est la plus active. Les statistiques de votre compte Instagram, disponibles dans l'onglet correspondant, peuvent vous aider à déterminer ces heures idéales de publication.

Il convient de noter que les publications sur Instagram ont généralement une durée de vie moyenne de 24 à 48 heures dans le fil d'actualité des abonnés, avant d'être reléguées dans la section « Explorer » de l'application.

3. Relations

Instagram donne la priorité aux publications des comptes considérés comme importants par l'utilisateur, tels que ses relations les plus proches et les comptes qu'il apprécie.

Chapitre 2 : La stratégie de contenu et la gestion des médias sociaux

Pour déterminer les centres d'intérêt de l'utilisateur, Instagram analyse les interactions passées avec les comptes, telles que les commentaires, les tags et les likes.

Les comptes avec lesquels l'utilisateur a interagi par le passé ont plus de chances de voir leurs contenus apparaître en haut du fil d'actualités de l'utilisateur. Il est donc important pour le Community Manager Intelligent de favoriser l'engagement avec sa communauté en encourageant les likes, les partages, les commentaires, etc.

5. TikTok, la plateforme de contenu au fort potentiel viral

TikTok est une application mobile populaire, notamment auprès des jeunes, qui permet de partager des vidéos courtes verticales, souvent musicales. En septembre 2021, elle comptait 1 milliard de visiteurs actifs dans le monde, contre 1,1 milliard d'utilisateurs actifs en 2022

Les utilisateurs âgés de 10 à 29 ans représentent 47% de la base d'utilisateurs, qui est majoritairement féminine (61%). Les créateurs de contenus ont en moyenne entre 18 et 24 ans (53%). Un utilisateur moyen passe 52 minutes par jour sur l'application, pour un total d'environ 24 heures par mois.

Environ 90% des utilisateurs accèdent à TikTok tous les jours, et 49% d'entre eux ont déclaré avoir acheté un produit ou un service après avoir vu une publicité, une promotion ou une opinion sur le réseau social. En 2023, le

Chapitre 2 : La stratégie de contenu et la gestion des médias sociaux

taux d'engagement moyen de TikTok est de 8,5%, ce qui en fait le réseau social avec le taux d'engagement le plus élevé, et la première application en dehors du groupe Meta (WhatsApp, Messenger, Facebook et Instagram) à atteindre les 3 milliards de téléchargements.

TikTok est une plateforme de médias sociaux qui offre aux utilisateurs la possibilité de toucher un public jeune. En tant que créateur de contenu, vous pouvez y proposer des défis ou des challenges à votre public, ce qui peut aider à rendre votre contenu viral et à stimuler l'engagement. De plus, TikTok est connu pour son contenu humoristique, ce qui peut également être un moyen efficace de susciter l'intérêt et de gagner en popularité sur la plateforme.

En ce qui concerne les secteurs les plus actifs sur TikTok, la beauté, la finance et l'industrie musicale sont considérés comme dominants. Cela signifie que si vous travaillez dans l'un de ces domaines, vous pourriez bénéficier d'une plus grande visibilité et d'un public plus engagé sur la plateforme. En somme, TikTok peut être une plateforme puissante pour atteindre un public jeune et engagé, en particulier si vous êtes actif dans l'un des secteurs mentionnés.

a. Les éléments clés pour réussir sur TikTok en 2023

Plusieurs facteurs sont à considérer pour réussir sur TikTok en 2023, selon une étude récente menée par Metricool. Cette étude a analysé 1 907 846 vidéos provenant de 17 936 comptes professionnels et 30 655

Chapitre 2 : La stratégie de contenu et la gestion des médias sociaux

comptes personnels (créateurs de contenu et marques personnelles) sur une période de 180 jours.

La fréquence de publication

En ce qui concerne la fréquence de publication, il y a une différence de 17% entre les comptes personnels et les comptes professionnels sur TikTok. Les comptes personnels publient en moyenne 16,12 vidéos par mois tandis que les comptes professionnels en publient 13,40.

b. La constance dans les publications

D'après l'étude TikTok, les créateurs de contenus, qui sont principalement des comptes personnels, publient en moyenne plus de trois vidéos par semaine sur une période plus longue que les comptes professionnels.

c. Le nombre de vues par vidéo

Les comptes personnels obtiennent en moyenne 30 145 vues par vidéo, tandis que les comptes professionnels ont une moyenne de 17 563 vues par vidéo, selon l'étude TikTok. Cependant

d. Taux d'engagement par vidéo selon le type de compte

D'après l'étude, les comptes personnels ont un taux d'engagement de 7%, tandis que les comptes professionnels ont un taux d'engagement de 6%. Bien que la différence ne soit pas significative, ces résultats montrent clairement que les comptes personnels

Chapitre 2 : La stratégie de contenu et la gestion des médias sociaux

obtiennent de meilleurs résultats que les comptes professionnels. Cela peut s'expliquer par le fait que les comptes personnels sont généralement tenus par des influenceurs ou des créateurs de contenu individuels.

e. L'engagement en fonction du nombre d'abonnés

Sur TikTok, le contenu que vous publiez est plus important que votre profil ou votre popularité. Contrairement à d'autres réseaux sociaux, où il est souvent nécessaire d'avoir un grand nombre d'abonnés pour que vos publications soient vues par un large public, TikTok fonctionne différemment grâce à son algorithme.

En effet, l'algorithme de TikTok favorise les vidéos qui sont créatives, originales et engageantes, plutôt que celles qui ont été publiées par des utilisateurs ayant déjà une grande base d'abonnés. Cela signifie que même les nouveaux utilisateurs ont la possibilité de voir leur contenu devenir viral, à condition qu'il réponde aux critères de qualité de TikTok.

En d'autres termes, sur TikTok, il est possible de gagner en popularité et de toucher un public plus large même si vous n'avez pas un grand nombre d'abonnés. Tout dépend de la qualité et de l'attrait de votre contenu, qui peut être découvert et partagé par les utilisateurs de la plateforme grâce à l'algorithme de TikTok.

f. Durée des vidéos TikTok en fonction de la taille du compte

Chapitre 2 : La stratégie de contenu et la gestion des médias sociaux

D'après l'étude de Metricool, il a été constaté que les comptes TikTok ayant un grand nombre d'abonnés ont tendance à publier des vidéos plus longues, avec une moyenne de 40,5 secondes, tandis que les comptes ayant moins d'abonnés publient des vidéos plus courtes, avec une moyenne de 31,2 secondes.

Cela peut s'expliquer par le fait que les utilisateurs ayant déjà une grande base d'abonnés ont généralement une certaine notoriété et une audience fidèle qui s'attend à des contenus plus longs et plus approfondis. En revanche, les nouveaux utilisateurs ou ceux qui ont une base d'abonnés moins importante doivent captiver leur public plus rapidement et efficacement, d'où l'utilisation de vidéos plus courtes.

Cependant, il convient de noter que la durée des vidéos n'est pas le seul facteur déterminant pour le succès sur TikTok. La qualité, la créativité et l'engagement de la communauté sont également des éléments importants pour réussir sur la plateforme.

g. Durée moyenne des vidéos qui obtiennent le plus de vues

Selon Metricool, les vidéos qui connaissent le plus de succès sur TikTok ont une durée moyenne de 41,8 secondes, tandis que celles qui ont moins de vues ont une durée moyenne de 32,2 secondes. En d'autres termes, il semble y avoir une corrélation entre la durée des vidéos et leur popularité sur la plateforme.

Chapitre 2 : La stratégie de contenu et la gestion des médias sociaux

h. Durée optimale pour une vidéo et durée de vie d'un post TikTok

Pour améliorer votre impact sur TikTok, il est préconisé de créer des vidéos brèves, engageantes. En effet, la majorité des vidéos TikTok ont une durée comprise entre 15 et 60 secondes, avec une préférence pour les vidéos concises et frappantes. Étant donné que les utilisateurs de TikTok ont une capacité d'attention limitée, il est crucial d'attirer leur attention dès le début de la vidéo et de la maintenir tout au long de celle-ci.

Les publications sur TikTok ont une durée de vie moyenne de 24 à 48 heures dans la section « Pour toi », qui permet de toucher un public plus large. Cependant, si un post génère un engagement élevé avec un grand nombre de vues, de likes, de commentaires et de partages dans les premières heures après sa publication, sa durée de vie peut être prolongée pendant plusieurs jours, voire plusieurs semaines.

L'algorithme de TikTok est conçu pour présenter des contenus pertinents et intéressants à chaque utilisateur, en fonction de son historique de visionnage et de ses interactions antérieures sur la plateforme.

i. Nombre de vidéos à publier par jour sur TikTok

Les comptes avec plus d'abonnés ont tendance à publier des vidéos plus fréquemment que les comptes avec moins d'abonnés. Les comptes les plus populaires publient en moyenne deux vidéos par jour, tandis que les comptes

Chapitre 2 : La stratégie de contenu et la gestion des médias sociaux

moins populaires publient une vidéo tous les deux jours en moyenne.

j. Quel est le meilleur moment pour publier sur TikTok ?

Il est possible de déterminer le moment le plus favorable pour publier sur TikTok. Selon les données collectées par Metricool, le meilleur moment pour publier sur la plateforme est à 20 heures tous les jours de la semaine, sauf le samedi où l'heure optimale pour publier est à 18 heures.

TikTok offre la possibilité d'avoir des horaires personnalisés et des jours favorables pour chaque compte, en fonction des moments où l'audience est en ligne. Pour accéder à ces informations :

- Connectez-vous à votre compte TikTok
- Cliquez sur les trois lignes horizontales de votre profil, sélectionnez « Outils du créateur » et cliquez sur « Statistiques »
- Parmi les options, cliquez sur « Followers »

Faites défiler jusqu'en bas de la page « Activité des suiveurs » et vous verrez les moments où vos suiveurs sont les plus actifs. Plusieurs éléments peuvent influencer la durée de vie d'un post TikTok, notamment le nombre de vues, de likes, de commentaires et de partages qu'il reçoit.

k. Vues moyenne en fonction du jour de publication selon l'étude TikTok

Chapitre 2 : La stratégie de contenu et la gestion des médias sociaux

D'après l'étude de Metricool portant sur l'analyse de presque 2 millions de vidéos, le vendredi est le jour qui génère le plus de visites. En ce qui concerne les commentaires, le mardi est le jour où les vidéos reçoivent le plus de commentaires, suivi du vendredi. Le dimanche est le jour où le nombre de vidéos publiées est le plus faible, alors que le mardi est celui où le nombre de vidéos publiées est le plus élevé.

6 étapes pour booster votre entreprise avec la publicité TikTok

Pour créer et gérer vos annonces publicitaires sur le réseau social TikTok, vous pouvez utiliser TikTok Ads Manager, sa régie publicitaire en ligne qui fournit tous les outils nécessaires. Avant de lancer votre campagne publicitaire, vous devrez visiter https://www.tiktok.com/business/fr pour créer votre compte publicitaire si vous ne l'avez pas encore fait.

Étape 1 : Sélectionnez l'objectif de votre campagne publicitaire

Comme vous l'avez probablement déjà compris, le choix d'un objectif marketing est la première étape de toute campagne publicitaire. Sur TikTok, les objectifs sont regroupés en trois catégories :

> **Attention**

L'objectif de cette catégorie est de faire connaître votre marque ou votre entreprise auprès du public. Elle ne contient qu'un seul objectif :

Chapitre 2 : La stratégie de contenu et la gestion des médias sociaux

- ✓ Portée

> **Considération**

Cette catégorie d'objectifs vise à susciter l'intérêt du public pour votre marque ou votre entreprise, et à encourager la prise de contact. Elle se compose de cinq objectifs :

- ✓ Trafic
- ✓ Installations d'application
- ✓ Vues de vidéos
- ✓ Leads Generation Ads
- ✓ Interaction avec la communauté

> **Conversion**

Pour faire en sorte que des personnes qui sont intéressées par vos produits puissent passer à l'action. Il comporte un seul objectif :

- ✓ Conversions.

Étape 2 : sélectionnez votre audience

Il s'agit simplement d'affiner votre audience et de l'adapter au profil type de celle dont vous souhaitez atteindre. TikTok Ads Manager propose des options suivantes :

- ✓ Audience ;
- ✓ Données démographiques ;
- ✓ Centres d'intérêt et comportement ;
- ✓ Appareil.

Chapitre 2 : La stratégie de contenu et la gestion des médias sociaux

Étape 3 : Fixez le budget alloué à votre campagne publicitaire

Entrez le montant de votre budget quotidien ou total. Avec TikTok Ads, vous avez la possibilité d'ajuster ou même de suspendre vos dépenses publicitaires à tout moment.

Étape 4 : Créez et paramétrez votre annonce publicitaire

Pour créer votre annonce publicitaire, vous pouvez téléverser vos propres vidéos ou utiliser l'outil de contenu publicitaire disponible dans TikTok Ads Manager pour en créer une.

Les formats de vidéo sur TikTok

Vidéos publiées sur TikTok par n'importe quel utilisateur :

- ✓ Format : 9:16 (vertical),
- ✓ Dimension : 1080 x 1920 pixels,
- ✓ Durée : de 15 secondes à 10 minutes,
- ✓ Type de fichier : MP4, MOV,
- ✓ Taille de fichier : 500 Mo.
- ✓ Vidéo TikTok Ads

Vidéos publicitaires qui s'affichent dans le fil d'actualité sur TikTok :

- ✓ Format : 16:9 (paysage), 1:1 (carré), 9:16 (vertical)

Chapitre 2 : La stratégie de contenu et la gestion des médias sociaux

- ✓ Dimensions : 1280 x 720 px (pour le format 16:9), 640 x 640 px (pour le format 1:1), 720 x 1280 px (pour le format vertical)
- ✓ Durée : de 5 à 60 secondes
- ✓ Type de fichier : MP4, MOV
- ✓ Taille de fichier : 500 Mo

4 étapes sont importantes pour configurer votre annonce

- ✓ Donnez un nom à votre annonce. Celui-ci doit contenir au moins 512 caractères
- ✓ Sélectionnez le format de votre annonce
- ✓ Ajoutez les détails de votre annonce
- ✓ Ajoutez des liens de suivi TikTok Pixel

Étape 5 : publiez votre annonce

Une fois que vous avez terminé la configuration de votre campagne publicitaire, vous pouvez la publier immédiatement.

Étape 6 : Suivez et améliorer les performances de vos campagnes publicitaires

Avec TikTok Ads, vous avez accès à des outils de reporting très avancés qui vous permettent de mesurer les résultats de vos campagnes publicitaires, ainsi que de personnaliser et visualiser l'analyse de ces résultats.

6. LinkedIn : l'outil incontournable pour atteindre votre potentiel professionnel.

Chapitre 2 : La stratégie de contenu et la gestion des médias sociaux

Créé en 2003 par deux anciens cofondateurs de PayPal, Reid Hoffman et Allen Blue, LinkedIn était initialement conçu pour mettre en avant les Curriculums Vitae (CV) de ses utilisateurs, mais est devenu depuis une plateforme de mise en relation et de collaboration entre professionnels pour créer des opportunités.

Avec un taux d'engagement moyen de 2,6% en 2023, LinkedIn est derrière TikTok, mais reste un réseau social de choix pour la gestion de carrière et la promotion de son personal branding. LinkedIn compte aujourd'hui une audience mondiale estimée à près de 850 millions de professionnels.

LinkedIn permet aux professionnels de mettre en avant leur expertise, de gagner en visibilité, de trouver de nouveaux clients, de travailler leur réputation, de créer des relations business, des partenariats, etc.

Contrairement à Facebook, TikTok ou Instagram, qui se concentrent sur la vie personnelle et les loisirs de leurs utilisateurs, LinkedIn se concentre sur la vie professionnelle et offre une expérience unique en la matière.

a. 6 étapes pour améliorer votre présence et votre crédibilité sur LinkedIn

Comme sur tous les réseaux sociaux, si vous ne partagez pas de contenu sur LinkedIn, vous n'existez pas, c'est une règle. En effet, partager du contenu sur votre compte permettra aux internautes qui recherchent des thèmes similaires à vos publications de vous retrouver facilement.

Chapitre 2 : La stratégie de contenu et la gestion des médias sociaux

Au lieu d'aller vers eux, ils viendront naturellement à vous. L'algorithme de LinkedIn analyse la pertinence de vos publications en trois phases :

- ✓ **Phase 1 :** mesurer l'engagement d'un post 90 minutes après sa publication (clics, likes, commentaires, partages, etc.)

- ✓ **Phase 2 :** 8 heures après une publication, la croissance du post est basée sur l'engagement observé lors de la première phase.

- ✓ **Phase 3 :** les jours suivants une publication, la croissance d'un post est basée sur l'engagement des deux premières phases. En publiant régulièrement, votre contenu apparaîtra dans le fil d'actualité des membres de votre réseau, et mieux encore, des membres du réseau d'une personne qui a aimé, commenté ou partagé votre post.

Voici 6 étapes pour améliorer votre présence et votre crédibilité sur LinkedIn :

1. Mettez en valeur votre expertise :

Si vous êtes sur LinkedIn, c'est parce que vous êtes un professionnel. Par conséquent, vous devez mettre en avant votre expertise en créant et partageant du contenu en rapport avec votre domaine de compétences

2. Faites-vous remarquer

Chapitre 2 : La stratégie de contenu et la gestion des médias sociaux

Afin d'augmenter votre visibilité et votre réputation sur LinkedIn, il est important de produire du contenu de grande qualité et de le partager régulièrement. Pour maximiser l'impact de vos publications, il est également conseillé de les publier lorsque vos contacts sont en ligne. Selon un rapport de Richard van der Blom, formateur pour Connecting, les meilleurs moments pour publier sur LinkedIn sont les suivants : lundi de 10h à 13h, mardi de 8h à 11h, mercredi de 9h à 12h, jeudi de 8h à 11h, vendredi de 13h à 15h, samedi de 10h à 14h et dimanche de 10h à 14h.

Il est également important de noter que la durée de vie d'un post LinkedIn dépend de la perception et du partage par les utilisateurs, pouvant varier de 24 heures à plusieurs semaines. Les algorithmes de LinkedIn analysent également l'engagement initial pour évaluer la pertinence de l'article pour le public cible et orienter son affichage futur.

3. Développez votre crédibilité

Pour cela :

- ✓ Rédigez des articles régulièrement
- ✓ Intégrez des groupes et participez-y
- ✓ etc.

4. Entrez en contact avec vos cibles

N'hésitez pas à contacter des personnes que vous considérez importantes. Si cela peut vous aider à développer votre réseau de prospects et de clients,

Chapitre 2 : La stratégie de contenu et la gestion des médias sociaux

n'hésitez pas. LinkedIn est un réseau professionnel, il est donc tout à fait normal d'agir de la sorte.

5. Le Social Selling Index pour développer votre business

Si la version gratuite de LinkedIn vous permet déjà d'aller assez loin, la version premium peut vous aider à générer beaucoup plus de leads en utilisant Sales Navigator, un outil de prospection commerciale intelligent. Sales Navigator vous aide à identifier et recommander les bons leads, effectuer des recherches avancées, accéder à un réseau plus étendu et utiliser TeamLink pour trouver la personne la plus connectée de votre équipe pour atteindre un prospect.

Grâce à l'efficacité de cet outil, vous pouvez générer des ventes en utilisant LinkedIn, ce qui est connu sous le nom de social selling. Pour mesurer votre activité sur le réseau social, LinkedIn attribue une note à chaque utilisateur en fonction de leur activité sur le site. Cette note est appelée le Social Selling Index (SSI), qui est un diagnostic chiffré de votre profil prenant en compte 4 éléments clés :

- ✓ Votre marque personnelle
- ✓ Vos relations
- ✓ Les informations que vous échangez
- ✓ Votre utilisation des outils et fonctionnalités dont dispose LinkedIn

Si votre score est élevé, l'algorithme de LinkedIn considère votre profil comme pertinent. Le social selling

Chapitre 2 : La stratégie de contenu et la gestion des médias sociaux

est une technique de prospection qui a pour but de trouver des prospects qualifiés, de construire des relations de confiance et d'atteindre des objectifs de marketing.

6. Ayez une page d'entreprise pour plus de visibilité et d'engagement

Il ne faut surtout pas confondre votre profil LinkedIn personnel et votre page Entreprise professionnelle. Tout comme sur Facebook, où le compte reste personnel, le profil LinkedIn est également individuel. La page Entreprise, quant à elle, est liée à un compte Administrateur et est dédiée exclusivement à l'activité de votre entreprise. Elle vous permettra notamment de :

- ✓ Mettre en avant vos offres et services
- ✓ Publier vos actualités
- ✓ Publier vos offres d'emploi
- ✓ Et cetera

Notez que pour posséder une page entreprise, vous devez :

- ✓ Avoir un profil LinkedIn ayant une durée de plus de 7 jours
- ✓ Être membre de l'entreprise à promouvoir
- ✓ Décrire clairement l'activité de votre page.

Soyez précis et concis. En outre, votre page doit inclure :

- ✓ Les informations de base (le nom de l'entreprise, sa taille, ses adresses, sa date de création, etc.)
- ✓ Un logo de qualité excellente

Chapitre 2 : La stratégie de contenu et la gestion des médias sociaux

- ✓ Une image de couverture
- ✓ Et cetera

Soyez méticuleux dans ce qui peut sembler être de petits détails. Privilégiez les vidéos dans vos publications car elles suscitent facilement l'engagement. Il s'agit de vidéos partagées dans un post sur LinkedIn avec différents formats, dont :

- ✓ Format : 1:2.4, 2.4:1
- ✓ Dimensions recommandées : de 256 x 144 pixels à 4 096 x 2304 pixels,
- ✓ Durée : de 3 secondes à 10 minutes
- ✓ Type de fichier : MP4, AVI, QuickTime, MOV, ASF, FLV, MPEG-1, MPEG-4, MKV, Web
- ✓ Taille de fichier : 5 Go

CHAPITRE III : DES OUTILS DE GESTION, D'ANALYSE ET DE VEILLE DES MEDIAS SOCIAUX

Chapitre 3 : Des outils de gestion, d'analyse et de veille des médias sociaux

Les outils de gestion, d'analyse et de veille des médias sociaux sont des alliés incontournables pour les Community Managers, car ils leur permettent de centraliser leur stratégie, de gagner du temps et de maximiser leur impact en ligne.

Grâce à ces outils, les Community Managers peuvent planifier et programmer des publications, suivre les performances de leurs contenus et de leurs profils sur les réseaux sociaux, interagir avec leur communauté et surveiller leur e-réputation. Ces outils sont pratiques et efficaces pour optimiser la gestion des réseaux sociaux et atteindre vos objectifs de communication.

1. Hootsuite Analytics

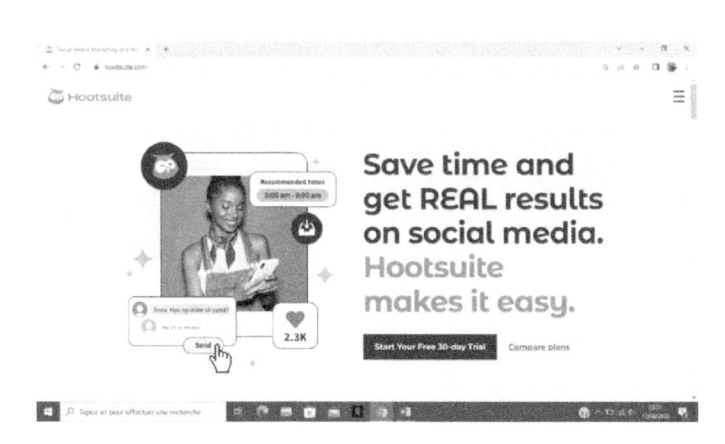

Hootsuite Analytics vous offre la possibilité de regrouper les analyses de vos comptes Twitter, Instagram, Facebook, Pinterest et LinkedIn en un seul endroit, vous offrant ainsi un aperçu complet de toutes vos activités sur

Chapitre 3 : Des outils de gestion, d'analyse et de veille des médias sociaux

les réseaux sociaux. Plus besoin de naviguer sur chaque plateforme séparément. En utilisant cette solution, vous économiserez du temps en simplifiant la comparaison des résultats de différents réseaux.

Hootsuite fournit principalement :

Les indicateurs liés aux publications sur les médias sociaux :

- ✓ Clics
- ✓ Commentaires
- ✓ Portée des publications
- ✓ Taux d'engagement
- ✓ Impressions
- ✓ Partages
- ✓ Et cetera.

Les indicateurs liés aux profils :

- ✓ Croissance du nombre de followers
- ✓ Taux d'avis négatifs
- ✓ Visites du profil
- ✓ Réactions
- ✓ Taux d'engagement global
- ✓ Et cetera.

Horaires recommandés de publication :

Les horaires de publication recommandés sont un élément clé pour maximiser l'impact de votre contenu sur les réseaux sociaux. Si vous avez déjà investi beaucoup de temps dans une publication qui n'a pas eu les résultats

Chapitre 3 : Des outils de gestion, d'analyse et de veille des médias sociaux

escomptés, il est probable que le moment de publication n'était pas optimal pour votre audience.

Pour éviter ce problème, l'outil « **Meilleur moment pour publier** » de Hootsuite Analytics est devenu l'une des fonctionnalités les plus populaires. En analysant les données historiques de vos médias sociaux, cet outil recommande les créneaux horaires les plus adaptés en fonction de trois objectifs différents :

- ✓ Clics sur les liens
- ✓ Engagement
- ✓ Impressions

Hootsuite Analytics offre une variété de fonctionnalités pour vous aider à optimiser votre présence sur les réseaux sociaux. Voici quelques-unes des options les plus utiles :

- ✓ Personnaliser les modèles de rapport pour inclure uniquement les indicateurs qui vous intéressent ;
- ✓ Générer des rapports sur vos concurrents pour mieux comprendre leur stratégie et leur performance ;
- ✓ Examiner la productivité de votre équipe en charge des médias sociaux en suivant les délais de réponse et de traitement des publications, ainsi que les mentions et commentaires qui leur sont attribués ;
- ✓ Surveiller les mentions, commentaires et tags liés à votre entreprise pour éviter tout risque de polémique ou de mauvaise réputation en ligne.

Chapitre 3 : Des outils de gestion, d'analyse et de veille des médias sociaux

Surveiller la concurrence :

Hootsuite Analytics vous permet d'effectuer une analyse concurrentielle sur Instagram, Facebook et Twitter. Vous pouvez suivre jusqu'à 20 concurrents sur chaque réseau pour mieux comprendre vos forces et faiblesses par rapport à eux. L'outil fournit également des recommandations sur les hashtags, les formats de contenu et les publications qui ont connu le plus de succès dans votre secteur.

Pour analyser les performances de vos concurrents sur Hootsuite, suivez ces 4 étapes :

- ✓ Connectez-vous à votre compte Hootsuite ;
- ✓ Cliquez sur « Analytics » dans le menu principal situé à gauche du tableau de bord ;
- ✓ Cliquez sur « Analyse concurrentielle » dans la section « Analyse comparative » ;
- ✓ Sélectionnez le compte que vous souhaitez comparer à vos concurrents dans la liste déroulante en haut de la page, puis cochez les cases des concurrents que vous souhaitez inclure dans votre analyse dans la deuxième liste déroulante. Vous pouvez également ajouter de nouveaux concurrents en cliquant sur « Gérer les concurrents » en bas du menu déroulant.

Vue d'ensemble - cette vue affiche le nombre de publications effectuées sur votre compte ainsi que sur ceux de vos concurrents pendant la période définie (qui peut être réglée en haut à droite du tableau de bord). Elle

Chapitre 3 : Des outils de gestion, d'analyse et de veille des médias sociaux

affiche également la fréquence de publication, l'engagement moyen, le nombre de followers et le taux de croissance de l'audience pour chaque compte.

Performances des publications - cette vue présente vos meilleures publications ainsi que celles de vos concurrents. Les résultats peuvent être triés selon différents indicateurs tels que le nombre de mentions J'aime, de commentaires et le taux d'engagement. Vous pouvez trouver l'inspiration pour vos prochaines publications en analysant ces résultats.

Performances par type de publication - cette vue présente les types de publication les plus populaires auprès de l'audience de chaque marque (photo, vidéo, carrousel ou reel). Les résultats peuvent être triés pour afficher les publications ayant généré le plus de mentions J'aime, de commentaires ou d'engagement.

Performances des publications (selon le nombre de commentaires, le nombre de mentions J'aime ou l'engagement estimé) - cette vue affiche les résultats quotidiens de votre compte et de ceux de vos concurrents pendant une période donnée. Ces résultats sont présentés dans un graphique unique, clair et intuitif. Vous pouvez examiner de plus près les résultats par type de publication ou vous concentrer sur la vue d'ensemble.

Réalisez une analyse comparative sectorielle

Si vous avez du mal à définir des objectifs réalistes ou si vous n'aimez pas collecter manuellement des données

Chapitre 3 : Des outils de gestion, d'analyse et de veille des médias sociaux

pour effectuer des audits et des analyses SWOT, ne vous inquiétez pas. Avec l'outil d'analyse comparative des médias sociaux de Hootsuite, vous pouvez facilement découvrir comment les autres acteurs de votre secteur se débrouillent sur les réseaux sociaux et comparer vos résultats en quelques clics.

Pour réaliser une analyse comparative sectorielle, voici les étapes à suivre :

- ✓ Connectez-vous à votre tableau de bord Hootsuite et accédez à Analytics.
- ✓ Faites défiler la page jusqu'à « Analyse comparative » dans le menu à gauche, puis cliquez sur « Secteur ».
- ✓ Sélectionnez le secteur qui correspond le mieux à votre activité.

Avec cette fonctionnalité, vous pouvez comparer facilement vos résultats à la moyenne de votre secteur. Vous pouvez personnaliser les périodes de temps, passer d'un réseau social à l'autre – Instagram, Facebook, Twitter, LinkedIn et TikTok – et comparer différents indicateurs, tels que :

- ✓ Le nombre de followers
- ✓ Le taux de croissance de l'audience
- ✓ Le nombre de vues de vidéos
- ✓ La fréquence de publication
- ✓ Le nombre de partages
- ✓ Et bien plus encore.

Chapitre 3 : Des outils de gestion, d'analyse et de veille des médias sociaux

L'outil propose un essai gratuit de 30 jours et des plans payants dont :

Professionnel : ce plan est destiné à 1 utilisateur unique et offre la gestion de jusqu'à 10 comptes de réseaux sociaux, avec une quantité de messages illimitée, la possibilité de planifier des publications, et bien plus encore. Son tarif est de 99 $, soit environ 59 428 XAF par mois

Équipe : ce plan est destiné à trois utilisateurs et permet de gérer jusqu'à 20 comptes de réseaux sociaux pour 249 $ par mois, soit environ 149.470 XAF.

Entreprise : ce plan est conçu pour les grandes équipes, avec 5 utilisateurs et 35 comptes sociaux inclus. En plus de toutes les fonctionnalités du plan Équipe, il propose un service client Hootsuite, une bibliothèque de contenu, un flux de travail d'approbation, et bien plus encore. Cependant, ce niveau de service a un coût, à savoir 739 $ par mois, soit environ 443 606 XAF.

2. SEMrush

Chapitre 3 : Des outils de gestion, d'analyse et de veille des médias sociaux

SEMrush propose une suite complète d'outils pour améliorer la visibilité en ligne et fournir des informations précieuses en marketing. Les professionnels du marketing dans des domaines tels que le SEO, le PPC, les réseaux sociaux, la recherche de mots-clés, la veille concurrentielle, les relations publiques, le marketing de contenu, l'analyse marketing et la gestion de campagnes peuvent tirer parti des outils et rapports de SEMrush.

Les Community Managers peuvent également bénéficier de SEMrush. Vous pouvez utiliser l'outil d'analyse de la concurrence pour suivre et analyser les stratégies de vos concurrents en matière de référencement et de marketing de contenu, afin d'adapter votre propre stratégie en conséquence. SEMrush vous permet également de trouver des mots-clés pertinents pour votre contenu et de suivre les backlinks pour identifier les opportunités de création de liens pour votre site web.

Chapitre 3 : Des outils de gestion, d'analyse et de veille des médias sociaux

En outre, SEMrush offre des fonctionnalités d'analyse des médias sociaux pour aider les Community Managers à surveiller et à analyser les performances de leurs comptes de médias sociaux, à identifier les tendances, les meilleurs moments pour publier, les contenus qui fonctionnent le mieux et les opportunités d'engagement.

Les Community Managers peuvent également utiliser SEMrush pour surveiller les mentions de leur marque en ligne et répondre rapidement aux commentaires, aux critiques et aux questions de leurs clients et de leur communauté.

SEMrush est donc un outil incontournable pour les professionnels du webmarketing qui cherchent à élaborer une stratégie de contenu solide et à optimiser leur présence en ligne pour se démarquer de la concurrence.

SEMrush propose un essai gratuit de 30 jours et des plans payants dont :

Pro : l'offre Pro est destinée aux débutants et aux petites équipes. Elle coûte 119,95 $ par mois, soit environ 72 000 XAF. Elle comprend 5 projets et permet de suivre jusqu'à 500 mots clés. Les utilisateurs peuvent également accéder à des outils SEO, sociaux et PPC tels que l'analyse de la concurrence, la recherche de mots clés, l'audit de site Web et les outils de publicité et de médias sociaux. Cette offre permet également de générer jusqu'à 10 000 résultats par rapport.

Chapitre 3 : Des outils de gestion, d'analyse et de veille des médias sociaux

Gourou : l'offre Gourou s'adresse aux agences et aux entreprises de taille moyenne. Elle coûte 229,95 $ par mois, soit environ 137 100 XAF. L'offre Gourou inclut 15 projets et permet de suivre jusqu'à 1 500 mots-clés. Les utilisateurs peuvent également accéder à toutes les fonctionnalités de l'offre Pro, ainsi qu'à une boîte à outils de marketing de contenu, des données historiques, un suivi multi-emplacements et d'appareils, et une intégration avec Looker Studio. Cette offre permet également de générer jusqu'à 30 000 résultats par rapport.

Entreprise : l'offre Entreprise s'adresse aux grandes agences et entreprises. Elle coûte 449,95 $ par mois, environ 269 000 XAF. Celle-ci comprend 40 projets et permet de suivre jusqu'à 5 000 mots-clés. Les utilisateurs peuvent également accéder à toutes les fonctionnalités de l'offre Guru, ainsi qu'à des fonctionnalités supplémentaires telles que le partage de voix, des limites étendues, un accès API, des analyses PLA et une migration gratuite à partir d'outils tiers. Cette offre permet également de générer jusqu'à 50 000 résultats par rapport.

3. Swello

Chapitre 3 : Des outils de gestion, d'analyse et de veille des médias sociaux

Swello est une solution complète pour gérer toutes vos publications sur les réseaux sociaux, notamment Facebook, Twitter, LinkedIn et Instagram. Avec une interface claire et intuitive en français, Swello répond aux besoins des indépendants, startups, PME, agences et grandes entreprises.

Swello permet de planifier le contenu pour tous vos profils de médias sociaux et dispose d'outils tels qu'un éditeur d'images, un raccourcisseur de liens et un calendrier éditorial. Il est facile d'intégrer des mentions, des hashtags, des emojis et des médias, et de prévisualiser le résultat avant de planifier la publication.

Swello offre également des fonctionnalités avancées telles que la planification simultanée, la planification récurrente et l'importation en masse de tweets.

Swello est également une plateforme collaborative qui permet d'ajouter des membres à votre équipe. Un système de hiérarchie vous permet d'attribuer des statuts à chaque

Chapitre 3 : Des outils de gestion, d'analyse et de veille des médias sociaux

membre invité, tels qu'administrateur, gestionnaire ou membre, et de définir leurs actions pour chaque profil de médias sociaux en tant qu'éditeur, rédacteur ou lecteur.

En outre, Swello vous permet de surveiller et de sélectionner des contenus pertinents pour votre communauté. Vous pouvez définir les sujets qui vous intéressent à partir du catalogue de Swello, qui est constitué de diverses sources, et ajouter vos sources privées via des flux RSS ou des comptes Facebook, Twitter, etc.

Enfin, Swello permet de suivre les performances de vos profils de médias sociaux, y compris les histoires Instagram. Le tableau de bord affiche des chiffres clés tels que le nombre d'abonnés, de likes, de commentaires, d'impressions et le taux d'engagement pour la période sélectionnée. Les statistiques peuvent être exportées aux formats PDF, CSV ou PNG. Swello propose trois plans d'abonnement dont :

Medium : Cette offre est facturée à 9,90 € par mois, soit un peu plus de 6 500 XAF, et est destinée à un seul utilisateur pour gérer jusqu'à 5 profils de médias sociaux et bénéficier des fonctionnalités de programmation de Swello.

Large : Cette offre est destinée à 5 utilisateurs et permet de gérer jusqu'à 15 profils sociaux, avec un accès aux fonctionnalités d'analyse. Elle est facturée à 29,90 € par mois, soit un peu plus de 19 611 XAF.

Chapitre 3 : Des outils de gestion, d'analyse et de veille des médias sociaux

Entreprise : Cette offre est facturée à 49,90 € par mois, soit un peu plus de 32 730 XAF. Elle permet à plus de 5 utilisateurs de gérer plus de 15 profils sociaux en plus des fonctionnalités de programmation et d'analyse. Elle inclut également des fonctionnalités de veille pour surveiller les contenus pertinents pour votre communauté.

4. Agorapulse

Agorapulse est indubitablement l'une des plateformes de gestion les plus utilisées dans l'environnement du marketing digital. Cette solution tout-en-un a déjà séduit plus de 31 000 Social Media Managers qui l'utilisent quotidiennement. Agorapulse est disponible sur https://www.agorapulse.com/fr/ ainsi que sur les applications mobiles Google Play Store et App Store, et vous permet de gérer vos réseaux sociaux à partir d'un seul tableau de bord.

Chapitre 3 : Des outils de gestion, d'analyse et de veille des médias sociaux

Cette solution de gestion vous offre la possibilité de planifier, publier et analyser vos publications. Agorapulse propose une période d'essai gratuite de 30 jours pour un utilisateur unique avec accès à 3 profils sociaux. Si vous êtes satisfait de l'outil, vous pouvez facilement passer à la version premium qui propose trois options de forfait :

Pro : la version Pro permet de gérer les réseaux sociaux pour des équipes restreintes. À 79 € par mois, soit près de 52 000 XAF, cette offre est facturée à l'année.

Premium : L'offre Premium a été développée pour répondre aux besoins spécifiques des agences de marketing numérique qui travaillent avec des clients importants. Cette offre met à votre disposition des outils puissants qui vous permettront de satisfaire les exigences de vos clients.

Vous aurez également accès à 20 profils sociaux pour 4 utilisateurs, ce qui vous permettra d'optimiser votre productivité. Toutefois, pour bénéficier de ces avantages, vous devrez vous acquitter d'un coût mensuel de 199 €, soit environ 130 536 XAF. Cette somme représente un investissement rentable qui vous permettra de fournir un service de qualité supérieure à vos clients tout en améliorant votre rentabilité et votre efficacité.

5. Metricool

Chapitre 3 : Des outils de gestion, d'analyse et de veille des médias sociaux

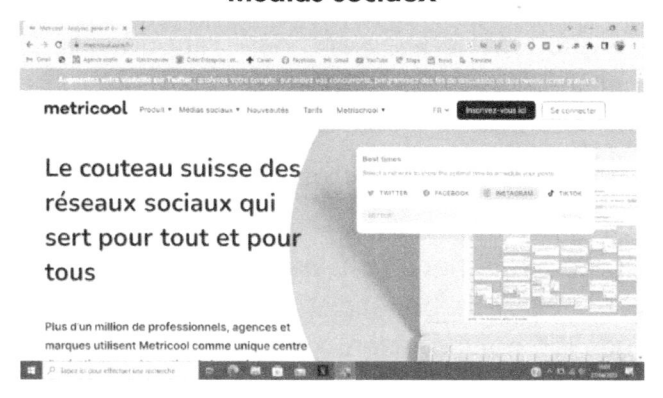

Metricool est une plateforme tout-en-un qui vous permet de gérer et d'analyser vos comptes sur les principaux réseaux sociaux tels que Facebook, Instagram, YouTube, Twitter, LinkedIn, Pinterest et TikTok. Elle centralise également la gestion de vos campagnes publicitaires sur Google Ads, Facebook Ads et Google Business Profile.

Metricool offre un planificateur pour prévoir vos contenus sur différents réseaux sociaux et suggère des heures optimales pour publier, ce qui peut générer plus de visibilité auprès de votre communauté. Metricool permet également d'analyser l'activité de vos concurrents et d'optimiser votre stratégie sur les réseaux sociaux.

La plateforme vous permet de suivre en temps réel les activités de votre communauté, d'accéder aux données de votre site web, d'analyser les hashtags ou mots-clés et les réactions générées. Metricool compare les performances de vos publicités Google Ads et Facebook Ads, ce qui vous aide à déterminer les campagnes les plus rentables et à optimiser votre investissement en publicité en ligne.

Chapitre 3 : Des outils de gestion, d'analyse et de veille des médias sociaux

Metricool propose également des rapports détaillés et personnalisés que vous pouvez partager avec vos équipes ou clients. Il existe une formule gratuite pour la gestion d'1 compte pour chaque réseau social et plusieurs formules dont :

Pro 5 : pour seulement 15 € par mois, soit environ 9 830 XAF, vous pouvez bénéficier de nombreux avantages pour la gestion de vos réseaux sociaux :

- La gestion de jusqu'à 5 marques sur tous les réseaux sociaux associés ;
- La possibilité de planifier jusqu'à 2 000 publications par mois pour une meilleure organisation de vos contenus ;
- L'analyse de jusqu'à 100 concurrents pour optimiser votre stratégie sur les réseaux sociaux ;
- La génération de rapports professionnels au format PDF ou PPT pour partager facilement vos résultats avec votre équipe ou vos clients ;
- La connexion à votre compte LinkedIn pour faciliter la gestion de votre présence professionnelle en ligne ;
- La possibilité d'ajouter plusieurs liens dans votre bio pour une meilleure visibilité de vos contenus ;
- Un assistant IA pour vous aider à rédiger des textes efficaces et pertinents.

En choisissant Pro 5, vous pouvez bénéficier de tous ces outils et améliorer considérablement la gestion de vos réseaux sociaux, le tout à un prix très abordable.

Chapitre 3 : Des outils de gestion, d'analyse et de veille des médias sociaux

Offre Pro 10 : pour seulement 25 € par mois, près de 16 400 XAF, vous pouvez bénéficier d'une solution professionnelle complète pour la gestion de votre présence en ligne. Cette offre comprend :

- La gestion de jusqu'à 10 marques et de tous leurs réseaux sociaux associés, pour une présence efficace sur tous les canaux pertinents ;
- La planification de 2 000 publications par mois, pour une présence régulière et cohérente sur les réseaux sociaux ;
- L'analyse de jusqu'à 100 concurrents, pour surveiller votre positionnement sur le marché et adapter votre stratégie en conséquence ;
- Des rapports complets au format PDF ou PTT, pour suivre facilement vos performances et les présenter à vos équipes ;
- Une connexion avec LinkedIn, pour renforcer votre présence professionnelle sur ce réseau clé ;
- La possibilité d'ajouter plusieurs liens dans la bio, pour diriger votre audience vers les pages les plus importantes de votre site ;
- Et enfin, un assistant IA pour vous aider à rédiger des textes pertinents et optimisés pour le référencement.

- Optez pour l'offre Pro 10 et profitez d'un outil de gestion de présence en ligne performant, pour

Chapitre 3 : Des outils de gestion, d'analyse et de veille des médias sociaux

booster votre visibilité et votre notoriété sur les réseaux sociaux.

Team 15 : l'offre Team 15, disponible à 45 € pour un paiement mensuel, soit près de 30 000 XAF, vous donne accès à de nombreuses fonctionnalités telles que :

- Gestion de 15 marques et de tous leurs réseaux sociaux associés ;
- Planification de 5 000 publications par mois ;
- Accès aux membres de l'équipe ainsi qu'aux clients ;
- Gestion de rôles pour une organisation optimale ;
- Rapports personnalisables pour une analyse approfondie de vos performances ;
- Connexion avec LinkedIn pour un meilleur réseau ;
- Connecteur Looker Studio pour une visualisation et une analyse avancée de vos données ;
- Intégration avec Zapier pour une automatisation de vos tâches.

En plus de ces fonctionnalités, l'assistant IA pour vos textes sera également à votre disposition pour vous aider à rédiger des contenus de qualité.

Team 25 : pour 69 € par mois, soit près de 45 300 XAF, l'offre Team 25 vous propose :

- Gestion de 25 marques et de tous les réseaux sociaux associés ;
- Planification de 5 000 publications par mois ;
- Accès aux membres de l'équipe ;

144

Chapitre 3 : Des outils de gestion, d'analyse et de veille des médias sociaux

- Gestion de rôles ;
- Accès aux clients ;
- Rapports personnalisables ;
- Connexion avec LinkedIn ;
- Connecteur Looker Studio ;
- Intégration Zapier ;
- Assistant IA pour la rédaction de vos textes.

Offre Entreprise : à partir de 149 € pour un paiement mensuel, soit près de 98 000 XAF, cette offre vous permet de bénéficier de :

- La gestion de jusqu'à 50 marques et de tous les réseaux sociaux associés ;
- Planification d'au moins 10 000 publications par mois ;
- Accès aux membres de l'équipe et aux clients ;
- Gestion de rôles avancée ;
- Rapports personnalisables et exportables ;
- Connexion avec LinkedIn ;
- Connecteur Looker Studio pour les analyses avancées ;
- Intégration avec Zapier pour une automatisation supplémentaire ;
- L'assistant IA pour vos textes.

6. Meta Business suite

Chapitre 3 : Des outils de gestion, d'analyse et de veille des médias sociaux

Meta Business Suite est une plateforme professionnelle gratuite offrant une solution centralisée pour la gestion et le suivi des activités commerciales et statistiques sur les comptes professionnels de Facebook, Instagram, Messenger et WhatsApp Business. Cette solution est accessible à travers une adresse web https://business.facebook.com/ et peut également être téléchargée sous forme d'application pour les appareils iOS et Android depuis l'App Store et Google Play Store respectivement.

En regroupant toutes ces fonctionnalités au même endroit, Meta Business Suite permet aux professionnels de gagner du temps et de maximiser leur productivité en facilitant l'administration et le suivi de leurs comptes professionnels sur plusieurs plateformes de médias sociaux.

7. Buffer

Chapitre 3 : Des outils de gestion, d'analyse et de veille des médias sociaux

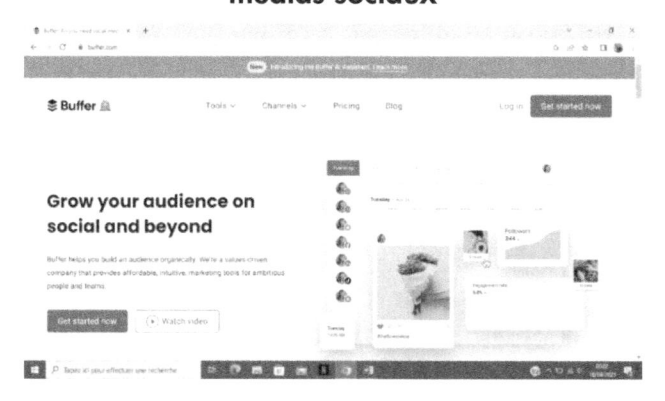

Buffer est un outil de marketing numérique qui est devenu populaire auprès de grandes entreprises telles que Shopify, Stripe, Business Insider, Microsoft et d'autres encore. Il permet de gérer plusieurs comptes sur les réseaux sociaux, notamment Facebook, Pinterest, Twitter, LinkedIn et Instagram, depuis un seul tableau de bord, vous faisant ainsi gagner du temps.

Buffer est disponible en ligne à l'adresse www.buffer.com et sous forme d'application mobile sur l'App Store et le Google Play Store. Les Community Managers et les professionnels du marketing peuvent profiter de ses fonctionnalités pour optimiser leur stratégie de marketing sur les réseaux sociaux. Buffer offre notamment les fonctionnalités suivantes :

- ✓ Programmer des publications sur les réseaux sociaux ;
- ✓ Évaluer les performances de celles-ci ;
- ✓ Rédiger votre storytelling ;
- ✓ Interagir facilement avec les utilisateurs
- ✓ Et cetera.

Chapitre 3 : Des outils de gestion, d'analyse et de veille des médias sociaux

Comme tous les outils professionnels de sa catégorie, Buffer propose une offre gratuite qui vous permet de gérer jusqu'à 3 comptes de médias sociaux avec des outils de publication de base ainsi qu'un créateur de pages de destination.

L'offre de base de Buffer débute à 5 $ US, soit environ 35 947 XAF par mois par compte, ou 60 $ US par an, équivalent à environ 35 944 XAF. En optant pour cette offre, vous aurez accès au créateur de pages de destination, ainsi qu'à des outils de publication avancés, des analyses détaillées et la capacité de planifier un nombre illimité de publications.

Avec ces fonctionnalités, vous pouvez optimiser votre présence sur les réseaux sociaux et améliorer votre stratégie de marketing digital. Cette offre permet également d'accéder aux :

- ✓ Outils de planification et de publication ;
- ✓ Outils d'analyse ;
- ✓ Et cetera.

Pour accéder à la solution Equipe qui offre un nombre illimité d'utilisateurs, vous devrez dépenser 10 $ US par mois soit environ 5 991 XAF ou 120 $ US par an soit environ 71 889 XAF. Cela vous donnera accès à des :

- ✓ Rapports exportables ;
- ✓ Fonctionnalités essentielles ;
- ✓ Projets d'outils ;
- ✓ Et cetera.

Chapitre 3 : Des outils de gestion, d'analyse et de veille des médias sociaux

L'offre pour les agences de marketing, appelée offre Agence, coûte 100 $ US par mois soit environ 59 911 XAF ou 1200 $ US par an pour plus de 10 médias sociaux. Outre les fonctionnalités de l'offre Equipe, cette offre vous donne accès à :

- ✓ Un accès et aux autorisations personnalisées ;
- ✓ Une tarification ;
- ✓ Et cetera.

8. Sprout Social

Havas, l'UNICEF, IHG, Shopify, Columbia et l'Université Purdue font partie des 30 000 marques qui font confiance à la solution de gestion Sprout Social. C'est un outil tout-en-un remarquable qui vous aide non seulement dans votre stratégie digitale, mais également dans d'autres domaines de votre entreprise. Comme d'autres outils de gestion, vous pouvez effectuer la plupart de vos tâches

Chapitre 3 : Des outils de gestion, d'analyse et de veille des médias sociaux

sur Facebook, Twitter, TikTok, LinkedIn, WhatsApp et Instagram à partir d'un seul tableau de bord.

De plus, Sprout Social offre une version d'essai gratuite de 30 jours, sans avoir à fournir vos informations bancaires. Après cette période, vous pourrez choisir l'offre qui répond à vos besoins parmi les plans d'abonnement suivants :

Standard : L'offre Standard inclut :

- ✓ 5 profils sociaux ;
- ✓ La gestion des évaluations ;
- ✓ Les outils de promotion payante sur Facebook ;
- ✓ Le calendrier des contenus ;
- ✓ L'accès aux applications mobiles iOS et Android ;
- ✓ La planification des publications, le suivi des profils, des mots-clés et des localisations, les rapports ;
- ✓ Et cetera.

Pour souscrire à ce plan, il faudra prévoir 249 $US par mois, soit environ 149 200 XAF.

Professional : En plus d'inclure la totalité de l'offre Standard, l'offre Professional vous donne droit à :

- ✓ Un nombre illimité de profils de réseaux sociaux ;
- ✓ Des rapports concurrentiels pour Facebook, Instagram et Twitter ;
- ✓ Une planification des publications aux heures optimales ;
- ✓ Des rapports sur le taux et le délai de réponse ;
- ✓ Des analyses des tendances pour des mots-clés et les hashtags Twitter ;

Chapitre 3 : Des outils de gestion, d'analyse et de veille des médias sociaux

- ✓ Des rapports sociaux payants pour Facebook, LinkedIn, Twitter et Instagram ;
- ✓ Et cetera.

Pour souscrire à ce plan, il faudra prévoir 399 $US par mois, soit environ 239 047 XAF.

Advanced : En plus d'inclure la totalité de l'offre Professional, l'offre Advanced inclut :

- ✓ Une bibliothèque de contenus et actifs numériques ;
- ✓ Des bots de chat avec des outils d'automatisation ;
- ✓ Un suivi automatique des liens ;
- ✓ Des enquêtes sur Twitter pour définir les indicateurs CSAT ou NPS ;
- ✓ Des alertes de pics d'activités des messages lorsque l'activité s'intensifie ;
- ✓ Et cetera.

Pour souscrire à ce plan, il faudra prévoir 456,24 € soit environ 299 272 XAF par mois.

Entreprise : En plus d'inclure la totalité de l'offre Advanced, l'offre Entreprise inclut :

- ✓ Listening social pour découvrir les tendances émergentes, les influenceurs et des informations importantes sur la concurrence ;
- ✓ Premium Analytics pour mesurer votre succès sur tous les médias sociaux ;
- ✓ Services de conseil ;

Chapitre 3 : Des outils de gestion, d'analyse et de veille des médias sociaux

- ✓ Des solutions d'employee advocacy pour augmenter la portée organique de votre marque ;
- ✓ Et cetera.

9. Google Analytics

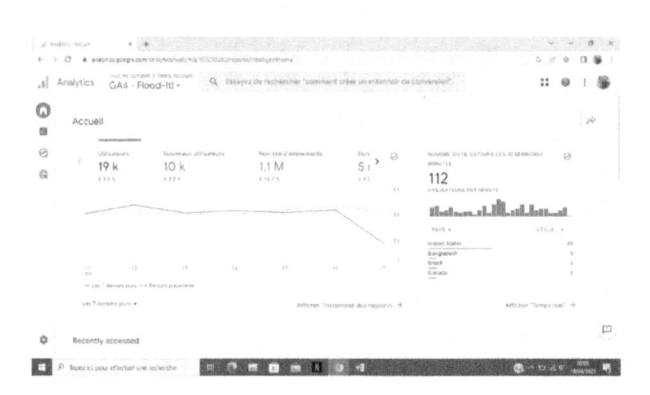

Pour les entreprises qui ont une présence en ligne, il est crucial de maîtriser Google Analytics. Ce service gratuit fournit des informations sur le trafic et les leads générés par votre site Web depuis vos comptes de médias sociaux.

En utilisant Google Analytics, vous pouvez générer des rapports pour découvrir quelles plateformes de médias sociaux génèrent le plus de trafic, identifier le type de contenu qui génère le plus de leads et de trafic à partir de quels réseaux sociaux, mettre en évidence les données démographiques de votre public, et calculer le retour sur investissement de vos campagnes sur les médias sociaux.

Ces données vous permettent d'optimiser vos campagnes sur les médias sociaux et d'élaborer une stratégie efficace

Chapitre 3 : Des outils de gestion, d'analyse et de veille des médias sociaux

pour l'avenir. En résumé, Google Analytics joue un rôle crucial dans toute stratégie de marketing en ligne.

10. Planable

Planable est une plateforme de gestion de réseaux sociaux conçue pour les équipes et les agences. Elle permet d'effectuer, de planifier et de diffuser facilement du contenu sur Facebook, Instagram, LinkedIn, Twitter et Google My Business.

L'outil propose une gestion collaborative efficace grâce à la création d'espaces de travail dédiés à chaque marque ou client. Les membres de l'équipe et les clients peuvent ainsi accéder aux brouillons de messages pour les commenter et les considérer.

En matière de planification, Planable offre plusieurs vues (calendrier, flux, liste et grille) pour mieux organiser les publications. Il est possible de programmer les publications à tout moment et de les modifier si nécessaire. De plus, la plateforme permet de stocker des

Chapitre 3 : Des outils de gestion, d'analyse et de veille des médias sociaux

médias avec des tags personnalisés et des filtres de recherche.

Les offres disponibles pour Planable sont les suivantes :

Basique : l'offre Basique est conçue pour les entreprises qui commencent tout juste à utiliser les réseaux sociaux. Pour 13 $ par mois, soit un peu plus de 7 741 XAF, elle propose des messages illimités, 4 pages de médias sociaux par espace de travail, 2 types d'approbation, ainsi que des vues en flux et en calendrier.

Pro : l'offre Pro, quant à elle, est idéale pour les équipes de médias sociaux en pleine croissance et est facturée à 26 $ par mois, soit un peu plus de 15 482 XAF. Elle comprend tout ce qui est offert dans l'offre Basique, ainsi que 10 pages de médias sociaux par espace de travail, 3 types d'approbation et une vue en grille. Elle permet également d'enregistrer des publications en tant qu'annonces.

11. D'autres outils indispensables pour faciliter votre travail de Community Manager

- **Copysmith**

Copysmith est une solution de rédaction de contenu qui peut aider à améliorer le classement en ligne de vos pages produits et à augmenter la portée de vos publications sur les réseaux sociaux. Cette plateforme utilise la technologie pour améliorer l'efficacité des algorithmes et des bots pour fournir un service de qualité.

Chapitre 3 : Des outils de gestion, d'analyse et de veille des médias sociaux

Les grandes équipes marketing peuvent bénéficier de cette plateforme. Les forfaits Starter et Professional sont disponibles respectivement à 19 $ et 49 $ par mois, avec des crédits et des vérifications de plagiat inclus. L'assistance intégrée dans l'application et les intégrations sont également proposées dans les deux forfaits.

- Archivesocial

Archivesocial est une solution qui assure la conservation de toutes les interactions sur vos plateformes sociales, préservant ainsi chaque publication, mention « J'aime » et « commentaire ». Cet outil revêt une importance particulière dans le contexte juridique, car il garantit la préservation des preuves, compte tenu de l'instabilité souvent associée au stockage en ligne. Le forfait de base d'Archivesocial démarre à 349 $ par mois, équivalent d'environ 229 000 XAF.

- **Automatisation d'Airtable**

Les fonctionnalités d'automatisation d'Airtable offrent la possibilité de programmer et d'automatiser diverses tâches au sein des processus opérationnels. Cette technologie peut s'intégrer harmonieusement aux environnements de travail tels que Google, Facebook, Twitter et Slack, vous permettant ainsi d'envoyer automatiquement des e-mails à vos collègues lorsqu'un champ spécifique d'un tableur est mis à jour, ou de recevoir en temps réel des rapports sur l'avancement de vos projets, par exemple.

Chapitre 3 : Des outils de gestion, d'analyse et de veille des médias sociaux

Airtable est très convivial et adapté aux utilisateurs débutants. Au fur et à mesure de votre familiarité avec la technologie, vous pourrez explorer des automatisations plus avancées. La version de base d'Airtable est gratuite, tandis que les forfaits Plus et Pro sont respectivement proposés à 10 $ et 12 $ par mois (soit environ 6 560 XAF et 7 872 XAF).

- **Heyday**

Heyday est une solution de chatbot alimentée par l'intelligence artificielle spécialement développée pour répondre aux besoins des commerçants. Il offre une intégration transparente avec une multitude de plateformes sociales telles que Facebook, Instagram, Messenger, WhatsApp, ainsi que des outils e-commerce populaires tels que Shopify, Magento, Salesforce, et bien d'autres encore.

Grâce à cette technologie, vous pouvez offrir des réponses rapides aux questions de vos clients, leur recommander des produits pertinents et transférer les demandes plus complexes à vos conseillers humains, garantissant ainsi une expérience client optimale.

Les forfaits de Heyday sont accessibles à partir de 49 $ par mois, vous offrant ainsi une gamme de fonctionnalités adaptées à vos besoins et à votre budget.

- **Fastory**

Fastory révolutionne la publicité sur les appareils mobiles en proposant des modèles de mini-jeux entièrement

Chapitre 3 : Des outils de gestion, d'analyse et de veille des médias sociaux

personnalisables qui reflètent l'identité de votre marque. Son catalogue complet comprend une variété d'options, notamment des quiz stimulants, des jeux de course captivants, des concours photo passionnants et des sondages interactifs. Grâce à ces fonctionnalités, vous pouvez rendre vos réseaux sociaux plus dynamiques, engager votre audience et renforcer leur participation.

Les forfaits de Fastory sont conçus pour répondre à vos besoins spécifiques et débutent à partir de 499 € par mois, offrant ainsi une gamme de fonctionnalités et de services adaptés pour vous permettre d'optimiser votre présence sur les appareils mobiles de manière efficace et percutante.

- **Slack**

Slack est bien plus qu'un simple outil de communication sécurisé pour les équipes. Il offre une multitude de fonctionnalités avancées qui facilitent la collaboration et la productivité. Avec Slack, vous pouvez organiser les discussions de groupe en les classant par thème, échanger des messages privés et même prendre des notes personnelles pour rester organisé.

Cette plateforme va au-delà de la simple messagerie en permettant également la tenue d'appels vidéo de haute qualité et la collaboration en temps réel sur des documents partagés. Et bien sûr, elle ne serait pas complète sans la possibilité d'envoyer des GIFs, ajoutant une touche d'humour et de convivialité à votre environnement de travail.

Chapitre 3 : Des outils de gestion, d'analyse et de veille des médias sociaux

Slack propose une version gratuite qui comprend toutes les fonctionnalités essentielles, notamment la consultation de 10 000 messages, 10 applications et intégrations, ainsi que les appels vidéo. Si vous avez besoin de fonctionnalités supplémentaires, des options payantes sont disponibles à partir d'environ 7 € par mois et par utilisateur (soit environ 4 600 XAF), offrant ainsi une expérience encore plus enrichissante et personnalisée.

- **Sparkcentral**

Sparkcentral centralise toutes les discussions sur les réseaux sociaux dans un tableau de bord unique. Cet outil vous permet de répondre aux demandes ou commentaires sur différentes plateformes sociales depuis une seule interface, intégrant également les e-mails, SMS et autres interactions traditionnelles avec les clients. Il facilite l'automatisation, la hiérarchisation et la délégation des tâches tout en stockant des données pour mesurer votre réussite et démontrer concrètement son impact.

- **Upscale.media**

Upscale.media est une application gratuite utilisant l'intelligence artificielle pour améliorer la résolution et changer le format de photos professionnelles ou amateurs, sans altérer leur qualité et en quelques secondes seulement, même pour les utilisateurs n'ayant pas de connaissances spécifiques.

- **Snaptik**

Chapitre 3 : Des outils de gestion, d'analyse et de veille des médias sociaux

Snaptik est un outil en ligne simple, rapide et efficace qui permet de télécharger des vidéos TikTok en supprimant les marquages et filigranes, sans nécessiter l'installation d'une application particulière, en copiant/collant simplement l'URL de la vidéo TikTok initiale et en cliquant sur « télécharger ».

- **Unscreen**

Unscreen est une application qui permet de supprimer facilement les fonds verts pour les montages vidéo en détachant directement l'image centrale de la vidéo pour la replacer sur un nouveau fond. Une bibliothèque d'images, de vidéos et de GIF est disponible pour faciliter cette transposition. Des abonnements sont proposés en fonction de la durée des vidéos retouchées, à partir de 1,18€/min, mais il est également possible d'utiliser une version sans abonnement moyennant un coût de 4,99€/min de vidéo retouchée.

- **SnapEdit**

SnapEdit est un outil qui permet d'effacer facilement un objet, une zone ou une personne sur une photo tout en recréant l'arrière-plan pour donner l'illusion que l'élément supprimé n'a jamais existé. L'illusion est parfaitement réussie et l'utilisateur peut récupérer des photos en haute définition. L'outil est facile et rapide à utiliser.

- **ChatGPT**

Chapitre 3 : Des outils de gestion, d'analyse et de veille des médias sociaux

ChatGPT est un modèle de langage basé sur l'intelligence artificielle, spécifiquement le GPT-3.5, développé par OpenAI. Il s'agit d'un outil de communication gratuit et en ligne qui peut être utilisé pour discuter avec un robot doté de capacités impressionnantes de compréhension du langage naturel et de génération de texte.

ChatGPT peut aider les Community Managers de plusieurs façons. Tout d'abord, il peut être utilisé pour aider à générer du contenu pour les réseaux sociaux, en proposant des idées de publications ou des formulations accrocheuses. ChatGPT peut également aider à répondre aux questions des clients ou des abonnés sur les réseaux sociaux, en fournissant des réponses rapides et précises.

En outre, ChatGPT peut être utilisé pour analyser le langage des clients et des abonnés sur les réseaux sociaux, afin d'identifier les tendances et les préférences. Cela peut aider les Community Managers à adapter leur stratégie de communication et leur contenu en conséquence, afin de mieux répondre aux attentes de leur audience.

En somme, ChatGPT est un outil de communication très utile pour les Community Managers, qui peut les aider à améliorer leur efficacité et leur productivité en matière de création de contenu et de gestion de la communication sur les réseaux sociaux. Toutefois, il convient de noter que ChatGPT ne doit pas remplacer complètement le travail humain du Community Manager, mais plutôt le compléter

Chapitre 3 : Des outils de gestion, d'analyse et de veille des médias sociaux

en offrant un soutien supplémentaire et une automatisation partielle des tâches.

Il convient de noter que cette réponse a été fournie par ChatGPT lui-même.

- **Pexels**

Pexels est une plateforme en ligne qui offre une banque de photos en haute définition libres de droits, disponibles pour une utilisation commerciale ou personnelle. La plateforme utilise un moteur de recherche simple et efficace pour aider les utilisateurs à trouver facilement des images correspondant à leurs besoins.

Les photos sont téléchargeables gratuitement et peuvent être utilisées sans attribution. Pexels ajoute régulièrement de nouvelles photos à sa bibliothèque pour offrir une variété d'images inspirantes pour tous les types de projets.

- **Google Chrome Save images as type**

L'extension gratuite de Google Chrome "Save images as type" est une solution pratique pour télécharger des images du web au format WebP. Ce format est souvent utilisé pour réduire la taille des images et accélérer leur affichage sur les sites web, mais il n'est pas forcément pris en charge par tous les logiciels.

Grâce à cette extension, il est possible de choisir le format de l'image téléchargée parmi WebP, JPG et PNG. Les formats JPG et PNG étant plus répandus, cela permet

Chapitre 3 : Des outils de gestion, d'analyse et de veille des médias sociaux

d'assurer la compatibilité avec la majorité des logiciels de retouche et de création de contenu.

- **iGram**

Il existe un outil appelé iGram qui permet de télécharger des photos, vidéos, réels ou IGTV à partir d'Instagram en copiant et collant simplement le lien dans la barre prévue à cet effet. Une fois le lien téléchargé, tu peux choisir la résolution de ton choix. iGram est un outil gratuit et facile d'utilisation.

- **Smash**

Smash est une plateforme en ligne française qui permet de transférer des fichiers volumineux à un ou plusieurs destinataires en un temps record. Elle propose un service simple et facile d'utilisation, sans inscription, ni installation de logiciel ou d'application.

Pour transférer un fichier, il suffit de sélectionner celui-ci, de renseigner l'adresse email du destinataire et de valider l'envoi. Smash permet de transférer des fichiers allant jusqu'à 2 Go gratuitement. Pour des transferts de fichiers plus volumineux, Smash propose des offres payantes.

En termes de sécurité, les transferts de fichiers sont sécurisés grâce à un cryptage SSL et la suppression automatique des fichiers après un certain temps, assurant ainsi la confidentialité des données.

CHAPITRE IV : LA GESTION DE CRISE SUR LES RÉSEAUX SOCIAUX

Chapitre 4 : La gestion de crise sur les réseaux sociaux

La gestion de crise est un enjeu crucial pour les Community Managers, et même pour toute organisation d'ailleurs. Il est inévitable qu'une crise surgisse, et il est de la responsabilité du Community Manager de gérer cette situation de manière efficace pour éviter toute conséquence négative.

En effet, si un Community Manager ne sait pas gérer une crise sur les réseaux sociaux, il peut s'attendre à perdre son contrat. La gestion de crise est un élément clé de la stratégie de communication d'une marque et un échec peut avoir un impact significatif sur la réputation de celle-ci.

Pour gérer efficacement une crise sur les réseaux sociaux, le Community Manager doit premièrement faire preuve de vigilance. En effet, il doit constamment surveiller les commentaires, les mentions et les messages pour repérer les signaux d'alerte.

Lorsque vous identifiez une crise, ne tardez pas à réagir. Prenez des mesures immédiates pour atténuer la situation. Gardez à l'esprit qu'une crise peut être une opportunité pour le Community Manager de faire preuve de professionnalisme et de compétence en résolvant rapidement la situation. Travaillez de concert avec une équipe de crise composée de personnes compétentes en communication, marketing, relations publiques et service client.

En outre, pour gérer une situation de crise, le gestionnaire de communauté doit :

Chapitre 4 : La gestion de crise sur les réseaux sociaux

✓ Définir les objectifs

Définir clairement les objectifs à atteindre pendant la gestion de la crise. Cela peut inclure la restauration de la réputation de l'entreprise, la protection des clients ou la réduction des dommages causés par la crise.

✓ Élaborer un plan d'action

Le plan d'action doit inclure des procédures claires pour la gestion de la crise. Il peut s'agir de la rédaction de messages pour répondre aux commentaires négatifs, de la mise en place d'un numéro de téléphone dédié pour les clients ou de la coordination avec les autorités compétentes si nécessaire.

✓ Communiquer clairement

Lorsqu'une crise survient, il est impératif de maintenir le contact avec votre communauté en communiquant régulièrement. Le silence pourrait en effet donner lieu à des interprétations qui ne correspondent pas à la réalité. Il est donc crucial de poursuivre la communication, quel que soit l'ampleur de la crise, en fournissant des messages clairs, transparents et honnêtes. De cette manière, il est possible de réduire la panique et de rassurer la communauté.

✓ Utilisez des messages préparés

Préparez des messages prêts à l'emploi pour répondre aux commentaires négatifs. Cela peut aider à gagner du temps et à réduire le stress.

Chapitre 4 : La gestion de crise sur les réseaux sociaux

✓ **Écouter les clients**

Pendant une crise, écoutez attentivement les clients. Les commentaires négatifs peuvent souvent fournir des informations importantes sur la source de la crise et les attentes des clients.

✓ **Répondez rapidement**

Lorsqu'une crise survient sur les réseaux sociaux, il est important pour un Community Manager de répondre rapidement et poliment aux commentaires négatifs et aux plaintes des clients. Cette réponse rapide peut contribuer à limiter la propagation de la crise et à rétablir la confiance des clients.

✓ **Évaluez les résultats**

Après avoir géré avec succès une crise sur les réseaux sociaux, il est essentiel de procéder à une évaluation complète des résultats obtenus. Cette étape permet de déterminer si les actions mises en place ont été efficaces pour atténuer les effets négatifs de la crise.

Pour cela, il est possible d'analyser les commentaires et les interactions sur les réseaux sociaux pour mesurer l'impact de la crise sur l'image de l'entreprise. Cette analyse doit être menée avec objectivité et sans biais, pour obtenir une vision claire de la situation.

En outre, il est utile de rédiger un rapport qui présente les différentes étapes de la gestion de crise, les actions qui ont été prises, et les résultats obtenus. Ce rapport peut

Chapitre 4 : La gestion de crise sur les réseaux sociaux

être utilisé pour améliorer la gestion de crises futures en identifiant les points forts et les points faibles de la stratégie adoptée.

La gestion de crise sur les réseaux sociaux est un processus complexe qui nécessite une planification minutieuse, une réponse rapide et une évaluation rigoureuse des résultats. En travaillant en collaboration avec une équipe dédiée à la gestion de crise, en communiquant de manière claire et honnête avec les parties prenantes, et en évaluant les résultats de manière objective, il est possible de gérer efficacement une crise sur les réseaux sociaux et de préserver la réputation de l'entreprise.

Conclusion

Le rôle du Community Manager est de plus en plus important dans la communication digitale d'une entreprise ou d'une organisation. Chargé de créer, d'animer et de développer une communauté autour de l'entreprise ou de l'organisation sur les réseaux sociaux, il est capable de construire une relation de confiance avec les membres de la communauté et d'améliorer l'image de marque de l'entreprise. Avec l'utilisation accrue des médias sociaux, sa place au sein d'une entreprise ou d'une organisation est de plus en plus importante.

Cependant, pour que le Community Manager puisse réussir, il doit avoir une stratégie de contenu bien définie et une gestion efficace des réseaux sociaux pour améliorer l'engagement et l'interaction avec la communauté. Il doit créer un contenu pertinent et intéressant pour la communauté tout en restant en phase avec la vision et les objectifs de l'entreprise ou de l'organisation.

En outre, pour mesurer l'efficacité de la stratégie de gestion de communauté, il est crucial d'utiliser les bons outils d'analyse et de veille pour suivre l'évolution de la communauté et la performance des publications.

Cela permettra d'adapter la stratégie en conséquence pour maximiser les résultats

Conclusion

La gestion des crises sur les réseaux sociaux est également un élément crucial de la gestion de communauté. Le Community Manager doit être capable de gérer les situations de crise de manière rapide et efficace tout en préservant la confiance de la communauté. En cas de problème, il est important d'avoir une stratégie adaptée pour minimiser les effets négatifs sur l'image de l'entreprise.

Le métier de Community Manager est en constante évolution et fait face à une flambée de professionnels. Pour réussir dans ce domaine, il est important de diversifier ses compétences, ses qualités et ses aptitudes à manier les médias sociaux de façon intelligente. Le Community Manager doit être capable d'adapter sa stratégie en fonction des évolutions du marché et de s'assurer que la communauté reste engagée et fidèle à l'entreprise ou à l'organisation.

À propos de l'auteur

Jofrid MAYOSSA est connu en tant qu'auteur du guide pratique Vendez comme vos concurrents grâce au digital. Ce guide offre sept leçons pratiques destinées aux entrepreneurs pour leur permettre de réussir dans le monde numérique en utilisant pleinement les opportunités offertes par la technologie.

En plus de ses talents d'auteur, Jofrid MAYOSSA est un Consultant Certifié en Marketing Numérique Google, un Community Manager Certifié Meta et Certifié Wikicréa France en gestion et création d'entreprise.

Il a été formateur dans de grandes écoles telles que l'African University Of Management (AUM-Gabon), Digital Business School (DBS-Gabon), l'Institut National de la Poste, des Télécommunications de l'Information et de la Communication (INPTIC-Gabon). Il a également été l'un des premiers formateurs de la MC International Business Academy de madame Marthe Carine pour le campus de Libreville.

La passion de Jofrid MAYOSSA pour le marketing numérique a commencé lorsqu'il travaillait en tant que Conseiller Juridique et Conseiller en Communication dans une entreprise locale dès l'âge de 26 ans. Avec près de cinq ans d'expérience dans le domaine, il s'engage à partager ses connaissances et compétences en organisant ou en participant en tant qu'invité à des conférences et master-classe.

Printed in France by Amazon
Brétigny-sur-Orge, FR